THE BRAIN SELL

When Science Meets Shopping

買いたがる脳

なぜ、「それ」を選んでしまうのか？

DAVID LEWIS
デイビッド・ルイス＝著

REIKO TAKEDA
武田玲子＝訳

日本実業出版社

THE BRAIN SELL

by David Lewis

Japanese translation rights arranged with
Nicholas Brealey Publishing, London and Boston,
through Japan UNI Agency, Inc.

はじめに

1957年、アメリカのジャーナリスト、ヴァンス・パッカードは、消費者の購買意欲が操作されているという衝撃的事実を発表した。ベストセラー『かくれた説得者』のなかで「広告の影の部分」を指摘し、「消費者の無意識の習慣、購入判断、思考プロセスへの強い働きかけが、みごとに成功している。自覚していない多くの消費者は、〝かくれて〟操作されているようなものだ」と警告している。

それから50年あまり、人間の脳機能についての研究は、それまでとは比較にならないスピードで進んでいる。現時点では「頭の中を読む」のは不可能だが、まったくの夢物語というわけでもない。脳内部位の血流や電気信号の変化から、思考、感情、動作が読み解かれようとしている。

いまや世界各国の大手企業は、どこも脳科学の研究成果を利用し、消費者の心をつかむだけでなく、頭の中を支配しようと躍起になっている（否定的立場からすれば消費者の「操作」だろう）。

そこで本書では、人間の脳が操作されやすく、さまざまな方法で影響を受けることを、30年以上にわたって検証してきた成果をまとめた。

私が、脳マーケティングの分野に関心を持ったのは、1980年代後半にサセックス大学で行った実験心理学の研究がきっかけだった。当時は数少なかった協力者の頭に電極をつけ、テレビCMを見たときの脳内の電気の流れを測定した。その研究から20年あまりたった頃、マインドラボを設立し、いまや数百万ドル規模のニューロマーケティング業界に参入した。

私たちの研究所、マインドラボでは、人々がショッピングしているときの心と体に何が起こっているのか、高感度で高性能になった機器を駆使して分析を続けている。そのために小さな町の店先から豪華な大理石フロアのショッピングモールまで出かけ、買い物客の脳の活動、心拍数や呼吸や体温の変化、身体的興奮状態を検証している。また、バーゲン品を見つけたときの心拍数の動き、赤色が興奮を助長する仕組みについても調べてきた。

ほかにも唾液を採取してストレス度を調査し、目の動きを追跡する装置を使って、消費者がさまざまなディスプレイを見る時間をテストしている。

最近では、インターネットやソーシャルメディアの役割が重要になり、オンライン・ショッピングにも注目している。消費者がどのようなものに、どれぐらい注目しているかデータを集め、どのようにウェブページを閲覧して商品を購入しているのか、どのように多様な広告に反応するのか、フェイスブックやリンクトインをはじめとするソーシャルネットワークにどのように参加しているのかを探っている。

購買行動をあらゆる視点から詳細に検討してきたのは、単に消費者行動を観察するためではない。洗剤やワックス、ブランド品のサングラス、必需品となった最新のスマートフォンなど、多様な**商品を探しているときに消費者が何を考え、どのように感じているか**を明らかにしようとしてきたのだ。

「買いたがる脳」はここまで解明されている

本書では、脳についての研究がどのぐらい進んでいるかを紹介するとともに、神経経済学や行動経済学、消費者心理学の研究成果についても解説する。そして、それらが広告やマーケティング、販売に活かされ、強力な「**脳への売り込み**」になっている状況を説明していきたい。

広告、マーケティング、販売に携わる人たちは（そのほかにも広く「消費者を説得する業界」の担当者たちは）、最新の手法や技術、その応用方法を学べるはずである。また、一消費者としても、売り手による、きわめて強力な「消費者操作」の実態を認識できる。

広告業界で活躍したロバート・ヒースは、著書『Seducing the Subconscious（潜在意識の誘惑）』

において、そのテクニックを**〝特別なメッセージもなく、メッセージを意識したり思い出したりもせず、広告に接したりイメージしたりもせず、広告の好き嫌いに関係なく〟選択を大きく左右するもの**と説明している。

これから説明していくように、消費者の購買行動には環境も影響する。たとえばディスカウントストアの照明は明るく、商品を最大限引き立たせようとしているが、高級化粧品店では、顧客の顔映りがよくなるように柔らかな照明を多用している。また、店内BGMのテンポによって買い回りのスピードが変わり、多くのカジノでは、香りによってプレーヤーがリラックスして時間経過を忘れるように仕向けている。

こうした「雰囲気」による行動や態度の操作は知覚しにくいため、消費者は対処できない。さらに、どのように選択肢を見せるかという「**選択設計**（**チョイスアーキテクチャー**）」が導入されるようになり、消費者の意思決定がやはり無意識のうちに操作されている。

インターネット、ソーシャルメディア、携帯端末、パーソナルな広告メッセージなど、まったく新しい市場ルートの登場による影響も大きい。第7章で説明するが、レストランや旅行代理店のサイトで音声を発する「イアコン」をクリックすれば、ステーキを焼く音やビーチの波音を聞ける仕組みが作られている。また、テレビも視聴者の世界観やショッピング習慣に強い影響を与えている。テレビについては、第9章で詳しく説明しよう。

もうひとつ、消費者の理解や操作に役立っている重要な要素は、「ビッグデータの分析能力」の飛躍的向上である。第11章で取り上げるように、高度な数学やスーパーコンピュータを駆使し、フェイスブックやツイッターから購買傾向や消費者の嗜好を解析できるようになっている。そのデータをマーケティングに活用するために、私たちのようなコンサルティング業界には、脳科学のほかに数学、統計学、物理の専門家が加わるようになっている。

もし自分は甘言に惑わされず、あくまで本人の意思であらゆる商品を選んでいると思うのであれば、身の回りにあるものを見てもらいたい。洋服や車など大多数の商品は、**理性的判断だけでなく感情的判断で選んでいるはず**だ。つまり**実際には、消費者が自覚できないようにきわめて巧妙な操作が行われている。**

広告やマーケティングが強大な影響力を持つようになった背景には、多大な時間、能力、資金が投じられてきた状況がある。イギリスとアメリカだけでも教育への投資1320億ドルの2倍を上回る約3130億ドルが広告に投じられ、専門教育を受けた数千人規模の研究者たちが「マストアイテム」となる新商品開発を行っている。

先日行われた人気消費財メーカーの会議にも、ケンブリッジ大学出身の理論物理学者、ブリストル大学出身のエンジニア、インペリアルカレッジ大学出身の数学者、オックスフォード大学出身の生化学者、サセックス大学出身の神経心理学者の私という5人の博士資格（ＰｈＤ）保有者が出席していた。

何のために？　２０００円もしない男性化粧品の効果を評価するためである。

ショッピングの黄金時代？それともオーウェルの悪夢の時代？

いまや消費者を説得する業界は、50年以上前のパッカードの想像をはるかに超えた力を持ち、巧妙になっている。広告、マーケティング、販売の担当者たちは、脳科学の進化を利用してグローバル市場での競争優位性を確立し、顧客の心、脳そして財布をつかもうと懸命である。

消費者や消費者保護グループが危惧する映画『マイノリティ・リポート』の世界が現実になり、人が無意識のうちに次々と広告を受け取るような技術も開発されている。

列車や高速バスに乗車したとしよう。疲れて窓にもたれかかると、すぐに広告が聞こえてくる。まるで自分の頭の中から聞こえてくるようで、目の奥、耳と耳の間から何かを売り込む声がする。しかも、その奇妙な声の主は、自分の好みや定番商品やサービスを熟知しているのだ。

悪夢だろうか？　それとも幻聴だろうか？

消費者に意識されずにコマーシャルを送る最新技術だ。窓に取りつけられた変換機が、音声信号を高周波振動に変える仕組みになっており、乗客が疲れて窓にもたれかかると、頭がい骨が共振する。たとえ騒音がひどくても、鮮明な音声が頭の中から聞こえてくるように感じる。内容は乗客向けコマーシャルであり、ソーシャルメディアや過去の購入履歴のデータを利用すれば、オリジナルメッセージも送信できる。

これは、世界最大級の広告代理店、ＢＢＤＯドイツが実際にスカイテレビ（有料放送局）のために開発したものだが、高い効果を発揮するとともに激しい議論を呼んでいる。「次世代の公共交通広告」としての可能性は期待されるが、消費者からは憤りの声も少なくない。システムを撮影した動画には、「これは個人の休息する権利を侵害するものだ」という不満や「ハンマーで窓を破壊する」という脅迫まで投稿されている。

こうした広告テクノロジーが導入され、本書で説明するように一段と高度なシステムが実用化されれば、「自分の意思は容赦ない売り込みに支配されてしまうのではないか」と消費者が不安を感じても不思議ではない。オーウェルが描いた監視社会の「ビッグ・ブラザー」（小説『１９８４年』に登場する絶対君主）にあやつられ、無意識のうちに購入判断をする世界が近いのではないかという危惧が生まれる。

本当にそうなるのだろうか？　大手企業は新技術を競って導入し、科学者たちの研究開発も進み、消費者の意思を操作できるようになるのだろうか、それともショッピングが効率的になり、ストレスが軽減されるだけだろうか？

最新の「かくれた説得者」は、消費者が何を購入するか、なぜ購入するかを、どれぐらい自由に支配できるのだろう？　一方、行き過ぎた影響に対して、消費者にはどのような防衛策があるのだろう？

ここからは、それらの疑問に回答していきたい。だがその前に、科学がセールス活動と最初に出会った１９０１年にさかのぼってみよう。

買いたがる脳　もくじ

第3章

「あなたの考えはお見通しです」

第4章

ショッピングはあなたの「気分」だけでは完結しない

Contents

第5章

「買い物をする脳」の中身

第6章

売り場が醸し出す「雰囲気」の説得パワー

第7章 ブランド愛——お客の感情を操作する

第8章 サブリミナルのプライミング効果

Contents

第9章 テレビがあなたを観ている

第10章 モバイルメディアのマーケティング力

第11章 究極の「買いたがる脳」

第12章　売り手の思惑、買い手の責任

ブックデザイン　小口翔平（tobufune）
カバーイラスト　中村メグミ
本文DTP　ダーツ

Contents

第1章

ショッピングを「科学」する

「社会的認知を高める手段として、
広告には圧倒的な知恵と努力と資金が投じられている」
——ジーン・キルボーン

広告の歴史は長い。

古く都市国家の時代から、商人たちは通行人を呼び込み、「美声で滑舌のよい」行商人を雇って商品を売り込んでいた。その後、長年にわたって広告は単なる宣伝手段として、「消費者が企業の名前をすぐに思い浮かべるため」に利用されてきた。広告での成功には、創造性、常識、経験があれば十分であり、アーティストである広告制作者に科学の助けなど願い下げだった。

ところが、20世紀に入ると、すべてが変わりはじめる。

プロモーション〈宣伝〉からパースエージョン〈説得〉へ

1901年のはじめ、シカゴの広告業界の重鎮が集まる場で、32歳のノースウエスタン大学准教授**ウォルター・ディル・スコット**が「広告における心理学の役割」について次のように話している。消費者の潜在意識を重視するきっかけとなった内容である。

広告は、ビジネス社会の神経システムともいえる。人間の神経システムが、物体からのあらゆる刺激を伝達する仕組みになっているように、広告は、物体が生み出すあらゆるイメージを読み手に想起させなければならない。広告業界に求められているのは、潜在顧客の意識への確かな働きかけである。心理学は広い意味で「意識の科学」であり、科学はあるべき姿や仕組みの解析を目指している。もし広告制作の背景にある心理学的法則を見つけ出して説明できれば、まちがいなく飛躍的進化が期待できるので、科学を広告制作に取り入れるべきである。

この講演とベストセラー書、『The Psychology of Advertising（広告の心理学）』は、業界内の広告に対する意識を大きく変え、科学的視点として心理学を取り入れることの重要性を認識させた。そして、さらに変化は続く。

「広告とは何か教えてさしあげます！」

スコットの講演から3年後、カナダ連邦警察官だった**ジョン・E・ケネディ**が広告業界に第二の変革をもたらす。1904年の春、広告業界のパイオニアとされるアルバート・ラスカーのオフィスに見知らぬ人物からのメッセージが届いた。

「受付に来ています。広告とは何か教えてさしあげます。きっとご存じないですから。私にもあなたにもよい話になると思います。お知りになりたければ、このメッセージを届けた人物に『わかった』と伝言してください」

個人資産5200万ドル超の敏腕経営者のもとには、言葉巧みなペテン師たちがうんざりするほどやってきていたので判断に迷った。だが強い興味を持ったラスカーは、その人物と深夜まで話をした結果、当時としては破格の年収2万8000ドルで採用する。それがケネディだった。すると2年もしないうちに「Dr. Shoop's Restorative（シュープ先生の気つけ薬）」の宣伝コピーを一新して7万5000ドル稼ぎ、広告の新たな役割を打ち出した。

ラスカーが感銘を受け、広告業界全体に変革をもたらしたケネディの広告の定義とは、「**活字によるセールス**」という一言だった。のちにラスカーの広告代理店の会長となったジョン・オトゥールは、次のようにコメントしている。

当時、その定義によって広告業界に大変革が起こった。広告には顧客開拓のために個別訪問するセールスマンと同じ役割があるとして、営業の第一の役割である説得という概念を初めて広告制作に持ち込んだのである。

広告には宣伝だけでなく説得の役割もあることに気づいた広告業界では、消費者の潜在意識を理解するため、心理学の知識、スキル、技術の積極的な活用を始める。

フロイト派の参入
——消費者行動はコントロールできる

第一次世界大戦が終わると、それまでコピーライターの独創性や制作者の創作力に頼っていた広告業界が、精神分析を学んだ心理学者の意見を次々と取り入れるようになる。その多くはフロイトの考え方を受け継ぎ、「消費者に訴えるにはイメージが大切だ」と考えていた。

なかでも多くの広告関係者が意見を求めたのは、**アーネスト・ディヒター博士**である。「Mr.マスモチベーション」を自称するディヒターは、研究所を設立し、グループインタビュールームや、テレビを観ている子どもたちの様子をマジックミラーから観察できる設備を充実させていた。また、心理分析を行った数百家族のデータも集めていた。

フロイトが提唱した手法を用いれば、**消費者のニーズや願望を把握できるだけでなく、**「**消費者行動をコントロール**」**できる**と考えていたディヒターにとって、広告代理店は「心理学の最先端の実験室」だった。

そのクライアントのなかに、巨額の広告費を投じながら成果につながらないタバコメーカーがあった。にこやかな女性が夫や友人にタバコを勧めている広告が美しくデザインされ、多くの場所に掲載されているにもかかわらず、タバコの売上は大幅に下落していた。そこでディヒターは、**男性は喫煙によって無意識に自分の支配力や尊大性を感じている**と分析し、タバコは男性の性的シンボルなので、女性が男性にタバコを勧める広告は、男性顧客の心理に逆効果だと助言をする。メーカー側は、すぐに広告デザインとコピーを変更し、売上は急上昇した（ただし成果は長く続いたわけではない）。

第二次世界大戦後、戦時中に作られたアメリカの大規模生産施設が民間に委譲され、膨大な商品を売り込まなければならなくなった広告会社は、さらに心理学者を頼るようになる。

すると学者たちは、大量生産品の宣伝だけではなく、消費者を大量生産しなければならないと指摘する。そうなるとセンセーショナルで感情に訴える広告が容赦なく行われ、「大切なのは言葉ではなくセンスである。欲しいものを手に入れられると消費者に信じ込ませる時代になったのだ」と豪語する広告関係者もあらわれる。

１９５０年代の終わりには、年間推定10億ドルが消費者心理の研究に投じられるようになり、本書の冒頭でも触れた**ヴァンス・パッカード**が心理学のテクニック、消費者操作の思惑、社会的に作り出された消費者をテーマにベストセラー『かくれた説得者』を発表する。

この本にアメリカン航空の事例が取り上げられている。多くのビジネスマンがフライトに強い恐怖心を抱き、やむを得ない場合でなければ飛行機を利用しない状況を分析するために、有名な性格検査のロールシャッハテストをはじめとする投影実験が行われた。

その結果、**乗客の恐怖心の原因は「死」ではなく、自分の死を家族が知ったときの「困惑」や家族への「罪悪感」**だとわかり、アメリカン航空は飛行機を利用した家族旅行のすばらしさ、夫が早く帰宅できるメリットをアピールする広告キャンペーンを導入している。しかも飛行中の「心理的に平静な環境づくり」に格段の努力をするようになった。

だが、消費者の態度や考えを操作しようとしていたのは、広告業界だけではない。20世紀のはじめになると、**パブリックリレーションズ**（**PR**）**の専門家**が登場する。

エドワード・バーネイズ――PRの第一人者

現在イギリスやアメリカでは、PRのプロはジャーナリストの4倍を数えるとされている。テレビ、ラジオ、印刷媒体、インターネットで目にするニュースのほとんどは、PR活動の成果である。「コーポレートコミュニケーション」と言い換える企業もある。

　クライアントから潤沢な資金提供を受ける大手PR会社は、資金や人材に恵まれ、メディアとは違ってクライアントに有利になるようにニュースを作り上げる。悪いニュースを抑え込み、著しく評判の悪い企業の名声を高める力もある。

　PRの「第一人者」とされ、強大な影響力を持っていた**エドワード・バーネイズ**は、1891年ウィーン生まれ、母親はフロイトの妹、父親はフロイトの妻の弟であり、精神分析の先駆者の甥にあたる。

　第一次世界大戦中は、プロパガンダ組織としてアメリカで設立された政府広報委員会（CPI）のメンバーとして、「すべての戦争を終わらせるための戦争」「民主主義国家のための安全な世界の構築」という大義を宣伝していた。戦争が終わると、「大衆心理理論と企業や政府による説得手法との宿命的結婚」をサポートする。

　不人気な商品に人気を集める要因を付加するという手法は、現在も広く使われているが、バーネイズが確立した戦略である。

　1920年代、アメリカン・タバコ・カンパニーから女性喫煙者を増やすよう依頼を受けたバーネイズは、公衆の面前での喫煙と女性解放を結びつけるという絶好のアイデアを思いつく。そこで女性人権運動家に「自由のための光」のシンボルとしてラッキーストライクを吸いながら、ニューヨークの5番街をデモ行進してもらった。

このイベントはアメリカ各地の新聞の一面を飾り、女性の喫煙に対する一般認識も大きく変化した。だがパッカードの著書が飛ぶように売れ、広告業界の消費者心理研究への積極的な資金投入が行われている一方で、フロイト派の影響力は低下していく。[*]そこへ新たに登場したのが、「行動主義者」を自称する自信にあふれたグループである。精神分析学を非科学的まやかしだと完全否定し、心理学を信頼できる科学にすると明言していた。

〔*フロイト派は、強大な影響力を誇るときでも課題を抱えていなかったわけではない。1930年代にはエール大学出身の心理学者ヘンリー・C・リンクが、新たな手法としてアメリカ企業に「行動心理学」の手法を伝授し、どのような広告がうまく購買行動につながっているのかに注目し、消費者の思考ではなく行動に目を向けた〕

行動主義者とショッピングの光と影

1920年当時、**ジョン・ブローダス・ワトソン教授**は学界で注目の人物だった。1912年に「行動主義」を提唱後、翌年には高く評価されて反響を呼んだ論文を発表し、行動主義心理学は「客観的な実験を行う自然科学の一分野であり、行動の予測と制御を目指すもの」と公言していた。

ところが、ジョンズ・ホプキンス大学での若き研究者としての輝かしいキャリアは、42歳で突然断たれる。妻のもとを離れ、大学院生のロザリー・レイナーとの生活を始めたことが原因だった。スキャンダルによって解雇されたワトソンは、保守的社会では学者としての道を許されなくなり、高報酬の新たな職を求めてニューヨークへ移る。

すでに広告業界では、大衆操作の強力な手法として行動主義が注目されていたため、大手広告代理店、J・ウォルター・トンプソンにすぐに採用される。そこで心理学の知見とともに商才を発揮し、大規模な広告キャンペーンを主導するようになる。ジョンソン・エンド・ジョンソンの広告では、おむつ交換時には必ずベビーパウダーを使うようアピールし、マックスウェルハウスの広告では、「コーヒーブレーク」をオフィスや自宅での習慣として根づかせた。

華々しい実績をあげたワトソンの行動主義は、業界で評判になり、コネチカット州の広大な敷地で穏やかに過ごせるだけの個人資産も手にした。広告業界やクライアント企業の消費者に対する意識も、無意識の希望や恐怖、夢や願望に左右される手におえない矛盾した感情的な存在から、軽率で個性のない「野暮なプロレタリア」へと一変する。そうなると「報酬と罰」、行動主義の用語を使えば「**正の強化**」と「**負の強化**」で簡単に行動を操作できる。

行動主義は5年もたたないうちに欧米を席巻し、広告業界やクライアント企業は、強力な心理学的手法を用いれば車やタイプライターと同様、消費者も大量生産できると信じるようになる。正しいタイミングで的確な報酬を与えるだけで、消費行動を止められなくできる。

そのような考え方が広告業界に浸透すれば、**心理操作による消費者行動の支配**という発想とともにその能力に対して、当然ながら反響や批判が広がった。

行動経済学とニューロマーケティングの登場

心理学に注目していたのは、広告業界だけではない。1970年代後半、著名な経済学者たちが、心理学の実証的な知見を付加した説得力のある経済学を探求していた。

1979年には有名な「エコノメトリックス」誌に、イスラエル系アメリカ人心理学者**ダニエル・カーネマン**と**エイモス・トベルスキー**の伝説的研究チームの論文「**プロスペクト理論**――**不確実性下における意思決定分析**」が掲載されている。また翌年、経済学者**リチャード・セイラー**が「消費者行動の肯定理論に向けて」という論文を発表している。3人の研究者は、当初は賛否のあった経済学の新分野を生み出しただけでなく、消費者行動を従来とはまったく異なる方法でとらえた。行動経済学の誕生である。

私が大学で心理学を学んでいた1970年代の後半、まだ学界における行動主義派の影響力は強大だった。脳は解析不能な「ブラックボックス」と考えられ、潜在意識はもちろん意識についての話題は非科学的だとして否定されていた。だが、心理学の「暗黒時代」はすぐに終わりを迎える。

1960年代なかば以降、記憶や言語、意思決定や論理的思考などの高度なスキルに関わる心理的プロセスを研究対象とする認知心理学が盛んになり、脳はコンピュータのようなものだと認識されはじめる。広告、マーケティング、販売の関係者は、ビジネスに活用できる要素の少なかった認知心理学にあまり注目せず、重要性も理解していなかったのだが、神経科学領域の研究が急速に進み、脳の動きを観察できる技術の確立がきっかけとなって強い関心を持つようになる。

2002年には、ロッテルダムにあるエラスムス大学の**エール・シュミッツ教授**が、脳科学や脳の画像分析技術のビジネスへの応用を「ニューロマーケティング」と名づけ*、その目的を「脳内プロセスの直接検証による消費者理解の促進、マーケティング手法への反応の確認、効率的なマーケティング手法の確立」だと説明している。

〔＊筆者自身を含め脳科学者の多くは、「消費者脳科学」という用語のほうが望ましいと思っている。だが「ニューロマーケティング」という言葉がすでに一般的になっているので、本書でもそれにならうことにする〕

私が2001年にマインドラボを設立した段階では、私の知る限り同様の企業は世界にもう1社しかなかったのだが、現在では250社を超え、ニューロマーケティングの講義を行う大学もオランダのエラスムス大学、フランスのINSEAD（インシアード）、ドイツのツェッペリン大学、アメリカのスタンフォード大学にまで広がっている。

ニューロマーケティングで多用される手法は、**QEEG**（定量脳波検査法、Quantified ElectroEncephaloGraphy）と**fMRI**（磁気共鳴機能画像法、functional Magnetic Resonance Imaging）の2種類である。

それぞれの仕組みと消費者行動分析への応用については第3章で詳しく説明するが、わかりやすくいえば、**頭の中の電気的変化を記録して分析することにより「脳の活動」を調べるのが QEEG、血流変化の違いから特定の作業によって「活性化する脳内部位」を判断するのが**

ｆＭＲＩである。ただしｆＭＲＩの設備は大型で操作が難しく、高価である。

ほかにも「視線追跡（アイトラッキング）装置」、心拍数や呼吸、筋肉の緊張状態、体温、皮膚伝導の記録装置などが用いられる。ＧＰＳ装置や携帯電話からのデータを活用して、消費者の店内の動線、通路移動、ディスプレイに注目して立ち止まった場所、売り場ごとの滞留時間を把握することもできる。

だがニューロマーケティングでは、高価なハイテク機器だけを使って消費者行動を検証するわけではない。それらは一部の最新機器にすぎず、数々の心理テストから消費者の潜在意識やブランドの訴求力を解析する。

具体的な手法を理解するために、ショッピングの検証から紹介しよう！

第2章

ショッピング現場に潜む「かくれた説得者」

「私たちは、本人が気づかず、主体的に制御できないものにあやつられている」

――ロバート・ローゼンタール

ショッピング現場での脳の動きを生中継

さわやかな春の朝、ニューヨークでちょっと変わったバーゲンに出かける。場所は郊外のディスカウントストア。ファッション通のニューヨーカーたちにも同行してもらう。殺風景な外観に派手な店内、愛想のよい販売スタッフはおらず、大音量のBGMが響いている。まるで巨大倉庫のように通路や棚が続き、蛍光灯がギラギラと空間を照らしている。

棚の中にはドレス、スーツ、帽子、スカーフ、靴、ブーツ、ハンドバッグ、男性用の鞄、ベルト、アクセサリーが無理やり押し込まれている。多くはハイセンスというより実用的な商品だが、なかには人気のブランド品がかくれている。ラルフローレン、ヴェルサーチ、ランバン、バレンチノ、ミュウミュウ、プラダを見つけようものなら、同行者の心拍数は急上昇する。値段も破格の安さである。

バーゲン品を見つけたときの心拍数の上昇は、推測などではなくしっかり実証されている。ほかにどんな変化があるかを調べるため、店内を歩きまわって熱心に商品を探している同行者に協力を依頼している。

服装とはアンバランスなベレー帽をかぶってもらい、見えないようにいろいろなセンサーを装着して脳の電気変化を記録する。胸には心拍数のモニター、左手の2本の指には身体的興奮レベルのモニター、メガネには小型カメラとマイクがかくれており、ショッピング中に見たもの、聞いたものがすべて記録される。それらすべてがショルダーバッグにもつながっていて、脳や体の変化を常に検知している。入店から30分もしないうちに、被験者は大幅に値引きされたセオリーのブラックフォーマルドレス、ジョーズジーンズのおしゃれなベストとジャケット、プラダのエレガントなバッグをつかみ取り、半額以下になっているジミー・チュウのシルバーのハイヒールを見つけて歓喜していた。

研究室に戻ってビデオ映像を見れば、どの商品を手にしたときに脳と体の興奮度が最高あるいは最低だったのか、正確に解析できる。しかも**興奮が最高と最低になった場所、ラックや棚の位置まで特定できる**。つまり、店側が顧客を魅了して滞留時間を延ばし、利潤を増やす方法を解明できるのだ。

これまでの研究によると、**どうしても欲しいと思っているファッションアイテムを割引価格で購入できるという期待感は、宝くじの当選やコカインの吸入にも匹敵する興奮状態を生む**。実際に掘り出し物が見つかると、前頭部の高周波ベータ波が著しく増加し、1分間あたりの心拍数が70前後から120以上に上昇するとともに、交感神経の覚醒を示す皮膚伝導も高まる。それは闘争、逃避、凍結時の人体の反応として知られ、いわゆる自律神経系の交感神経枝の機能である。自動操縦中の航空機のように、心拍数、血圧、呼吸などをコントロールしながら、頭の中は別のことを考えている。

交感神経の覚醒は、恐れや怒りのサインと解釈される場合もあるが、ショッピングシーンでは興奮や歓喜の証拠になる。顧客がどのようにバーゲン品の買い物をしているのかを正確に分析し、脳や体への影響を把握できれば、小売店の販売手法の改善に活かせるだろう。

すがすがしく魅力満載のマンハッタンを離れ、次はポルトガルの港町、ポルトの2月の寒い朝である。やはり買い物客にモニターをつけてもらい、超大型ショッピングセンターで日用品を購入するときの反応を検証する。

こうした店では万国共通の価格に厳しい買い物客が、1個購入すれば1個無料サービスの商品、値引き品、特別セール品を懸命にワゴンに乗せていくが、本当に興味を持っているのは有名ブランドの商品である。3万点以上のアイテムが並ぶ棚を進みながら、タイド、ペプシ、ネスレなどの世界的ブランドとともに国内ブランドに注意が向いている。

お客はそれらを迷わず手に取り、知名度の低い商品はほとんど気にしていない。ちらっと見たり、ラベルを読んだりしても、買い物かごに入れる確率はかなり低い。

こうしたショッピング現場でのリアルな分析を行えば、店内レイアウト、看板、商品ディスプレイに対する消費者の無意識の反応を貴重なデータとして得られるので、売上増加につながる的確なマーケティング戦略を策定できる。ある研究では、**2種類の商品の位置関係を変えただけで両方の売上が増加し、店内看板の色や字体、照明の明るさや色、床材によって購買の意思決定が大きく変わる**こともわかっている。

もちろん脳波検査だけが脳への売り込み戦略に役立つわけではない。ほかの手段も順に紹介していくが、もうしばらくショッピング行動に注目してみよう。〝かくれた説得者〟が影響力を行使する仕組みを理解するために、購買行動につながる2種類のモチベーションについて説明しておきたい。

買い物に行く、vs 買い物をする、の違い

買い物に行くのは、世界中の消費者の一番のレジャーになっている。新しいものを手に入れる喜びや興奮のため、豪華なショッピングセンターに出かける楽しみのため、すばらしいディ

スプレイを鑑賞するため、活気あふれる雰囲気を満喫するため、親切な販売員にお世辞をいわれて大切にされていると感じるため、退屈さや沈んだ気分を紛らせるため、友人に会うため、運動のため、気分転換のため。理由はさまざまだが、何よりも買い物に行くことでエネルギーがよみがえり、支配している感覚になる。

だが、買い物に「行く」のは大いに楽しいにもかかわらず、買い物を「する」のは面倒という人が多い。特に男性の場合、できるだけ手短に片づけてしまいたい。まるで人質救出に向かったSWATチームのように、最短時間で目的の商品を選んで帰る男性もいる。

買い物の対象には、なければ困るがどうしても欲しいわけではない商品も含まれている。洗剤や猫のトイレ、赤ん坊のおむつがどうしても欲しい人なんていないだろうか？　汚れた皿や猫や赤ん坊のために購入するにすぎない。

買い物を「する」のは必要性《ニーズ》を満たすため、買い物に「行く」のは要望《ウォンツ》をかなえるためである。2つのモチベーションは別物に思えるが、実際はそうではない。

強烈な欲望「ウォンツニーズ」

現代のショッピングシーンにおいて「欲しい《ウォンツ》」という思いが脳から離れなくなると、ほかのことに集中できなくなり、「**欲しいし必要**《ウォンツニーズ》」という思いに変容する。サスカチュワン大学教授ジム・プーラーは、次のように説明している。

> 無駄に思える買い物であっても、すべての買い物は消費者ニーズを反映したものであり、ニーズを満たすために必要不可欠な行為だといえる。たとえば若者は、単に最新ファッションが欲しいのではなく、流行の服やアクセサリーが「どうしても必要だ」と思っている。大人たちも、ただホームシアターが欲しいのではなく、友人たちが持っているから手に入れなければならないのだ。それが現代の買い物事情であり、実質的にすべてのものは、どれだけ不必要に思えても、ウォンツではなくニーズを満たすものになっている。

「ウォンツニーズ」は、強烈な欲望になり、どれだけ費用がかかっても満たされなければ気が

すまなくなる。具体的な事例を紹介しよう。

「私が買うために作られた靴よ！」

19歳のキャサリンは、靴に対する強烈なウォンツニーズを持っている。クローゼットにはフォーマルなハイヒールからローヒール、スリッポン、サンダル、オープントウ、ニーハイブーツ、ショートブーツまで、あらゆるデザイン、素材、カラーの靴があふれている。しかも同じ靴を色違いで持っているものも多い。

何百足という靴を持っていても、靴を買うときの興奮は最初の1足のときと変わらない。ローンが増えるばかりなのに、買い物をやめられず、新しい靴を買うとワクワクする。

そんなキャサリンのショッピング中の心と体の反応を調べると、靴を見つけた瞬間に強いウォンツニーズがわき起こる。心拍数は85から120に上昇し、皮膚伝導も急激に高まって強い興奮状態になり、脳波はリラックス状態から覚醒状態に変化した。

モニターの様子から「この靴を買うだろう」と予想すると、そのとおりにキャサリンは靴を購入した。

図2.1　ニーズ、ウォンツ、ウォンツニーズのマトリックス

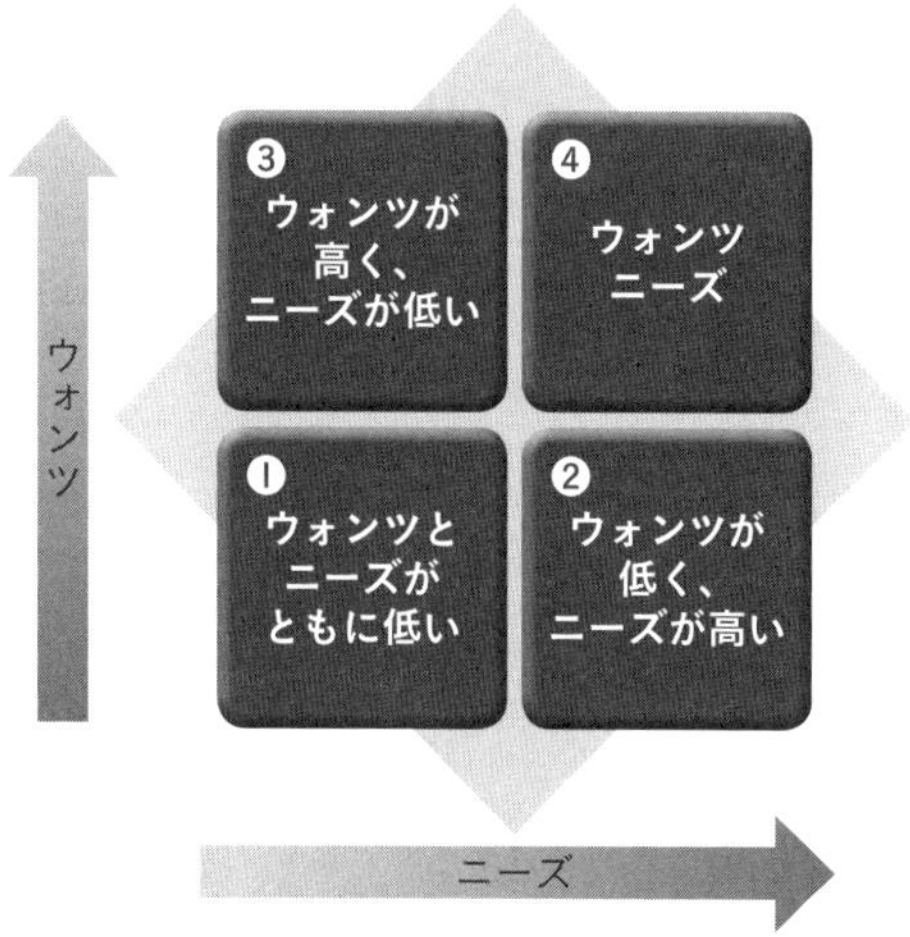

ここで理解しておかなければならないのは、「**ウォンツニーズは作られるもの**」**という事実**である。その役割は、広告やマーケティングや販売関係者だけでなく、PR会社、ブロガー、ツイート、テレビ、印刷物、ソーシャルメディアも果たしている。ニューロマーケティングも、商品の魅力を高める方法を分析するサポートをしている。一般的な手法は、商品の形、色、デザインを変えてコンピュータ画面に映し出し、その画面を見た被験者の気持ちと肉体の変化を記録する。最も注目していた特性や、逆に関心を持たなかった特性を明らかにするためには、視線追跡装置も用いる。

デジタル技術を使えば、すぐに画面上に架空の商品を作り出し、再検証もできる。色の

微妙な変更、サイズの拡大や縮小、わずかな形状変更も簡単である。**被験者の無意識の反応を分析すれば、ウォンツニーズが最高レベルになる商品を特定できる。**

前ページ図2・1は、ウォンツとニーズのマトリックスである。

①にあてはまる商品やサービスは、現状では消費者のニーズもウォンツも低く、少なくとも当面は購入する可能性はかなり低い。ただし、そこに分類される具体的な商品やサービスは、消費者や状況によって変わる。フリーマーケットやバザーでよくあるように、ある消費者が見向きもしない商品を、別の消費者が高く評価するかもしれない。また、価値がないと思われていた商品が、状況の変化によって価値を持つ場合もある。たとえばギリシャやローマの市民が廃棄した陶器が、美術館に展示されていたり、高額オークションに出品されていたりする。

②の商品やサービスは、通常ウォンツはないが、緊急でニーズが生じる場合がある。歯科医院や病院で手術を受けたいという人はいないはずだが、歯が痛みだしたり、体調が悪くなったりしてウォンツが派生し、ニーズが生まれる。

③の商品やサービスは、消費者にまったくニーズがなかったにもかかわらず、欲しいと思うように説得されたものである。

最後の④の商品やサービスはウォンツニーズであり、消費者の脳の中でそこに分類されれば、売れたようなものである。

ニーズを「ウォンツニーズ」へ変える

①のようにウォンツやニーズが低くても、マーケティングや広告戦略によって④のウォンツニーズへの移行は可能である。具体的な方法を6種類紹介しよう。

その1：買い物客に「作業」を与える

買い物客に「作業」を与えればウォンツニーズが生じる、と最初に実証したのは、アメリカにおけるマーケティングの第一人者であるアーネスト・ディヒターである（第1章参照）。

1930年代、ケーキミックスを販売するゼネラルミルズ社から売上改善の相談を受けたディヒターは、卵の粉末をあらかじめ商品に混ぜておくのをやめて、購入した主婦が卵をケーキミックスと混ぜるように変更を提案する。**重要なのは味の改良ではなく、インスタントのケーキミックスで手作りのおやつを作れるようにすることだった**。その策略は大成功し、ケーキミックスは消費者の信頼を得て、売上を大きく伸ばした。わずかながら消費者にケーキ作りの役割を与えた結果、成果に関わっている感覚を生み、商品価値を高めたのだ。

衣料品のディスカウントストアでは、顧客が掘り出し物を見つけなければならないし、値段交渉を行えば割引価格になる店もある。顧客が値引きに成功して優位性を感じるようにすれば、交渉スキルが引き立ち、購入意欲が一段と高まる。


ときには、店側の明らかなインチキで販売につなげるケースもある。ロバート・B・チャルディーニのコミック版『影響力の武器』に登場する2人の兄弟を紹介しよう。

初めての来店者が入ってくると、ひとりは耳が聞こえにくいふりをする。スーツの価格をたずねられても、店の奥にいる兄弟に「このスーツいくら？」と聞く。

聞かれたほうは大声で価格を叫ぶ。仮に190ドルとしておこう。それに対して価格を聞いたほうは聞こえないふりをして聞き返す。すると同じように「190ドルだよ」という答えが返ってくる。だが耳が聞こえにくい役の店員は、顧客に「90ドルだそうです」と伝えるのだ。

チャルディーニによると、ほとんどの顧客は喜んで90ドルを支払い、価格の「間違い」が発覚する前に急いで帰っていく。

私たちの研究グループが、値引きしてもらった買い物客やうまく交渉すれば値引きしてもらえる買い物客にセンサーを装着して反応を調べたところ、精神と肉体の両面に覚醒が見られ、取引が終了した段階の覚醒がピークになっていた。しかも通常に買い物するよりも商品を高く評価していた。

その状況には、いわゆる「**吊り橋効果**」も影響しており、感情の高まりの原因を因果関係のない事象や人物だと勘違いしてしまっている。たとえば初デートでスリルのあるジェットコースターに乗ったり、ホラー映画を観たりすると、それらの経験が原因でアドレナリンが分泌しているにもかかわらず、相手の魅力によるものだと誤解する可能性がある。

バーゲン商品を見つけたときも同じである。**見つけたときの興奮が大きくなれば、商品の魅力が強まる。**セールやオークションで購入を競っている状況にもあてはまる心理である。

その2：希少性を作り出す

クリスマス数日前の午後、ニューヨーク五番街にある老舗玩具店シュワルツに行くと、上品な婦人が言い争っていた。原因は、残りひとつになったキャベツ畑人形を（ザビエル・ロバーツがデザインした1983年のクリスマスプレゼントの定番商品）、2人がどうしても買おうとしていたのだ。

ウォンツニーズの供給が少ないと、手に入れるための騒動が起こりかねない。そのことを熟知しているメーカー側は、最初の出荷数を制限し、意図的に消費者の高揚感をあおる場合もある。うわさがソーシャルメディアに流れ、ツイッターやブログで品薄が話題になれば、一刻も早く商品を手に入れようとする顧客が店に殺到する。

多くの研究で実証されているように、**希少性は精神や身体の強い興奮状態を生み出し、商品をめぐる競争の激しさに比例して、「手に入れたい」という願望が強まる。**

1月になり、ロンドンの厳しい寒さの夜、翌朝7時30分から始まる年に一度のセールに並んでいる男性たちの心身の変化を調べてみた。お目当ては、数量限定で半額以下になるビデオゲーム機らしい。

心拍数、皮膚伝導、脳波の変化を調べるとともに、アンケートに回答してもらった。それらを総合すれば、ゲーム機に対する思いの変化を詳細に分析できる。時間が経過していくと、寒さに負けるどころか、ゲーム機を手に入れたいという願望は強まり、開店時間直前には心拍数、血圧、身体的興奮、脳の活動すべてが上昇していた。

購入したゲーム機を抱えて店から出てくる人たちに感想を聞くと、人生で最高に幸せだと言う。

「自分の順番が近づいてくるにつれて心臓がドキドキし、興奮を抑えきれませんでした。過呼吸ぎみで、手汗をかきはじめたところでゲーム機が視界に入りました。まるで手招きされているようでした！」と話す人物もいる。

熱狂的ファンの「どうしても手に入れたい」という思いが強くなるにつれて、そのような肉体的変化が生じる現象を説明するのに役立つのは、「**認知的不協和理論**」である。１９５７年にアメリカの心理学者レオン・フェスティンガーが提唱し、社会心理学の代表的理論として数々の研究が行われてきた。

認知的不協和とは、矛盾する認知を同時に抱えたときに経験する不快感である。喫煙者が禁煙したいと思っているにもかかわらず、なかなかやめられないとしよう。禁煙しなければ健康上問題があり、深刻な事態になりかねないと言われながら喫煙を続ければ、認知的不協和が生じる。そのため喫煙者は禁煙するか、もっともらしい理由をつけて喫煙のリスクを否定する。「もちろん喫煙のリスクは理解しているよ。でも車の運転中や歩行中にもリスクはあるじゃないか」というのは愛煙家の常套句である。あるいは、伯父さんは１日１００本タバコを吸っていたけれど、90歳まで健康で元気だったという話を持ち出す。実際には禁煙しなければ健康には悪いが、それらの説明で矛盾する感情に折り合いをつける。

１９５０年代後半に、スタンフォード大学のエリオット・アロンソンとアメリカ陸軍リーダーシップ研究所のジャドソン・ミルズが行った研究も、希少性に対する強い思いを理解するのに役立つ。「加入の難しさがグループへの愛着に与える影響」というテーマで、63人の女性被験者に、グループでの議論に加わるために厳しい条件とやや厳しい条件を課した。厳しい条件の女性たちは、わいせつな単語と官能小説の性的描写を大声で読み上げなければならない。わいせつな言葉を口にするのはタブーとされていた当時の女性にとって、その条件は強いストレスになったはずである。

一方、やや厳しい条件を課された女性たちは、わいせつ度の低い言葉を読まされた。また比較のために、無条件でグループに加われる女性たちもいた。

実験の結果、厳しい条件を課された女性たちは、別の条件の女性たちにくらべてグループの意義や魅力を高く評価し、強い帰属意識を感じるとともにグループメンバーになる価値を認めていた。

同様の効果は、厳しく厄介なテストが加入条件になっているカルト集団や、入会希望者は過酷な「地獄の一週間」のしごきに耐えなければならない大学の同好会にも見られる。

その3：ザッツノットオール《それだけではありません》（TNA）テクニック

この手法は、ニューロマーケティングより数十年前から用いられてきたが、いまなお心理学や脳科学の研究対象となっている。具体的には2種類の方法があり、ひとつは通常価格が5ドルのコーヒーを3・80ドルで販売するといった**値引きによるアピール**である。

効果検証の実験として、アーカンソー大学のキャリー・ポロックの研究グループは大学構内で大小2種類のチョコレートを販売した。学生が価格を聞くと、一方のグループには販売員に扮した研究員が、小は1ドル、大は5ドルと答え、他方のグループには小は1・25ドル、大は5・25ドルと答えた後、別の研究員が小は1ドル、大は5ドルと訂正した。すると価格の修正はわずか25セントだったにもかかわらず、購入者の割合は45％から76％に上昇した。

もうひとつの方法は、**別のアイテムの追加や大幅な値引き**である。いま私の手元に好例がある。ロンドンの紳士服店の全面広告である。通常価格70〜80ポンド（1万円程度）のシャツが20ポンド（3500円程度）値引きされている。だが、「広告を見た」と言えば、さらに15％値引きされる。さらにキャンペーン期間中に購入すればシルクのネクタイがもらえるのだ。

TNA（That's Not All）はさまざまな場面で用いられ、「**買うか買わないか**」**迷っている商品を買う気にさせるのに効果的**だと実証されている。1個買えば1個プレゼント、2個の値段で3個販売、ペンやラジオつき目覚まし時計のプレゼント、生命保険会社のディナープレゼントなどは、すべてその手法である。

その4：楽しさを演出する

人は楽しく遊んでいるとき、買い物する気分になる傾向が強い。休日に観光地やテーマパークに行くと、次々とセンスのない買い物をするのはそのためである。イタリアの哲学者ウンベルト・エーコは、ディズニーランドが「夢のファンタジックな世界にいるような気分にさせ」、園内に入ると「だまされて、買わなければならない気分になり、それも遊びだと信じ込まされる」と指摘している。詳しい内容は第6章で取り上げる。

その5：気分転換に「必要なもの」にする

最近の空港は、出発する場所から買い物する場所に変わりつつある。いわば滑走路つきの巨大ショッピングゾーンを利用する乗客は、一般的な買い物客とは違い、ほかに行き場が少ないという弱みがある。しかも時間を持てあまして気晴らしを求め、緊張感をほぐしたいと思っている。その結果、時間をかけて歩き回り、出費が増えていく。購入するのは、商品というより接客であり、商品そのものと同じぐらい販売員の接客を強く求めている。

友人のアメリカ人ジャーナリストは、アムステルダムのスキポール空港までのフライトが遅れて疲れ果て、「ふれあい」のための買い物を経験したそうだ。「すでに出発から10時間以上ひとりぼっちだったのよ。しかも、乗り換えのためにさらに数時間待たなきゃいけなかったので、さみしいし退屈で疲れ果てていたのよ」と振り返る。

落胆して空港内を歩いていた友人は、ハンサムな青年が化粧品を販売している店を見つける。感じがよく、親切に時間をかけて接客してもらった結果、200ドル以上の化粧品を購入したのだ。「どうしても必要というわけではなかったけれど、時間を取らせてしまったし、明るい気分にしてくれたから買わなきゃいけないと思ってしまったのよ」

その6：「問題がある」と感じさせる

1920年代になると、アメリカ人の日常生活において、幸い本人は自覚していないが人間関係や仕事に支障が出かねない問題をかかえるようになる。深刻で人生を破壊しかねないので本人に打ち明けにくい個人的な問題、それは「息の臭い」である！

製薬会社のランバートは、その状況を病名のように「慢性口臭」と名づけ、リステリンを販売した。19世紀に開発された強力な外科用防腐薬であり、もともとは床のクリーナーや淋病の治療薬として販売されていた溶液である。広告では悲しそうな若い男女が、強烈な口臭が原因で恋ができないというデザインを採用した。それまでは認識されていなかった問題を顕在化させることによって、売上は7年間で11万5000ドルから800万ドル以上に跳ね上がった。

現在の消費者は毎日約4000の広告を目にしているが、その多くは個人的な問題に関するものである。太りすぎ、薄毛、にきび、しわ、体臭、ふけ、乾燥肌やオイリー肌、消化不良、胸やけ、歯の汚れで人間関係に悪影響をおよぼしかねないと警告されており、広告の商品やサービスを購入しなければ、あらゆる問題が生じるかのようだ。

歯科や外科や美容医療などを、「望まれないが必要なサービス」から「望まれる必要なサービス」に変える方法のひとつは、外見がよくなり自信につながるための手段として売り出すことである。歯列矯正、フェイスリフトによる若返り、豊胸による女性らしさのアピール、ボトックスによるたるみ解消は、その典型事例である。

ただし、ソーシャルメディアの登場によって、こうした手法は時代遅れになりつつあるという指摘もある。消費者は不安を助長するような広告よりも、家族や友人、見知らぬ人のアドバイスを頼るようになっているのだ。将来は、やる気につながるメッセージで、ヒーロー気分にさせて潜在能力を自覚させるようなメッセージが主流になるという意見もある。

どうやって「脳」へ売り込むのか？

売り込みの本質とは何だろうか？　『オックスフォード英語辞典』の「ｓｅｌｌ」の定義は、「金銭を得るために相手に引き渡すこと、手放すこと」とされている。確かにそうだが、そのプロセスを心理学や脳科学で十分に分析できていない。実務的にわかりやすく説明すれば、**セールスとは「問題解決」**である。メーカーやサービス企業が顧客に提供するのは商品やサービスではなく、ニーズや前述のウォンツニーズから生じる問題への対処策である。

その場合の「問題解決」は、どれだけ複雑であっても構成要素は3項目に分類できる。オレゴン大学の心理学教授でありアメリカの問題解決の第一人者であるウェイン・ウィケルグレンが提唱しているように、**「課題」「方法」「目標」**である。

具体的内容は、問題がメーカーやサービス企業のものなのか、マーケティング担当者のものなのか、消費者のものなのかによって違う。

メーカーやサービス企業の「問題解決」
――マクドナルドのビジネスの本質はファストフードの販売ではない？

商品やサービスの開発段階における「課題」とは、消費者の視覚、聴覚、触覚、嗅覚、味覚などに訴えるすべての要素である。ニューロマーケティングの役割は、どの要素の訴求力が最も大きく、どの要素を強調すべきかの分析である。脳内イメージから消費者の潜在意識に入り込み、必要なちょっとしたわずかな変化を見つけ出す。ある事例では、入浴時に使うアヒルのおもちゃの帽子を紫色から青色に変更すべきだとわかり、重要だとは思えないそのわずかな変更を行って販売してみたところ、売上は30％以上増加した。

また、「方法」は商品の生産方法、「目標」は企業が本当に取り組むべき事業の見極めである。自明のことに思えるかもしれないが、真実がわかれば大手企業との競争にも勝利できる。ただし、どれだけ正しい回答を導き出せるかが鍵である。

ハーバード・ビジネススクール元名誉教授、セオドア・レヴィットは1960年の「ハーバード・ビジネス・レビュー」誌において、19世紀のアメリカにおける鉄道会社の事業目標について問題提起している。富裕層として強大な影響力を持っていた経営者たちは、「目標は鉄道経営だ」と答えただろう。だが本当の目標は、スピーディーで効率的な長距離大量輸送だった。もし鉄道経営者たちが正しい認識を持っていれば、第二次世界大戦後、道路輸送や航空輸送に人気を奪われて破綻することもなかったはずだとして、レヴィットは次のように指摘している。

成長企業は、必ずビジネスチャンスを作り出して投資している。自動的に成長のエスカレーターに乗っているような認識の企業は、まちがいなく低迷していく。過去の「花形」企業の破綻原因は、誤った自己分析に基づいて事業拡大し、衰退に気づかなかったという悪循環にある。

逆にマクドナルドは、近年の成功事例である。大成功しているこのグローバル企業のビジネスとは何か？「ファストフードとドリンクの販売」というのが一般的な答えである。でも本当はそうではない。本来の事業は不動産ビジネスであり、好条件の場所を見つけ出して購入し、フランチャイズ店に貸している。そのフランチャイズ店がファストフードを販売し、賃料を支払っているのだ。グローバル市場で競争しようと思えば、自社が販売している問題解決策の本質を理解していなければならない。

ヤフーの広告およびサイト運営者用ソリューションの責任者によると、テニスボールを追いかける犬のようなセールス担当者が多すぎる。顧客からの質問のたびに急いで回答を用意する。逆に立ち止まり、顧客が何をしたいのか、つまり何が問題なのかを聞き出すべきだと話している。そのためにもニューロマーケティングは有効である。

マーケティング担当者にとっての「問題解決」
——映画のポスターをターゲット層に確実に見せるには？

広告やマーケティング、販売における「課題」とは、商品情報を消費者にいかにわかりやすく伝えるかである。商品内容やパッケージはもちろん、店頭のディスプレイや照明、販売および陳列方法、ほかの商品との差別化なども含まれる。

私たちの研究所が参加した案件では、屋外広告として販売されている看板での映画の広告がテーマになった。掲出料金が高額なので、最も効果的な場所に適正な枚数のポスターを掲載しなければならない。だが問題は、この「方法」でどうやって確実に映画のターゲット層が見そうな場所を選んで実益につなげるかである。ビルの外壁、バスの背面や側面、バス停、鉄道や地下鉄の駅に掲出すべきだろうか？　場所を間違えれば高額な出費になりかねない。

この問題を解決するため、大手映画会社はうまい方法を考えた。パリでの映画宣伝のため、パリツアーを録画していろいろな場所に映画のポスターを短く挿入した。そのうえで、私たちの研究所がツアー映画を観ているときの観客の脳と体の反応を調べた。

バス、地下鉄の駅、さらにパリ名物の公衆トイレなど、さまざまな場所のうち15％から45％までポスターの掲出場所の比率を変えて観客の反応を調べ、単なる意識レベルではなく潜在意識レベルに最大限アピールできる場所の組み合わせを分析した。

もうひとつの「方法」としては、別の広告チャネルや営業チャネルが考えられる。20世紀以降、広告は多彩な印刷媒体に限られていたが、ラジオやテレビの誕生によって広告範囲と媒体を選べるようになった。最近ではデジタルやモバイルの技術進化により、選択肢は一段と増えている。

先に取り上げた屋外広告は、それほどおもしろい広告メディアではないが、今後10年で成長が予想される従来型メディアである。現在アメリカ国内で65億ドルの売上は、数年以内に4％以上の増加が見込まれ、世界各国での売上はさらなる拡大が予想される。その背景には、車や鉄道を利用しているときに見る広告は、テレビCMのように早送りできないので、メッセージが伝わる確率が高い特性もある。

もうひとつの重要な要因は技術進化である。過去数年で紙面広告からデジタルの看板やポスターへの移行が進み、広告デザインを随時変更して新しいメッセージをタイムリーに提供できるようになっている。出勤時にはカプチーノの広告、帰宅時にはテレビ番組のCMという作り変えもできる。デジタル看板によるパーソナルな広告の可能性については、第11章で説明する。

そしてマーケティング担当者にとっての「目標」とは、なぜ担当の商品やサービスが競合相手のものよりも優れた問題解決策を迅速に提供し、費用対効果も高いのか、できるだけ説得力のある方法で説明することである。ここでもニューロマーケティングの分析が役立ち、デザインやアプリケーションやマーケティングの変化に対する潜在意識の反応を調べればよい。

消費者にとっての「問題解決」
——機能が増えることが理想ではない？

消費者にとっての問題解決の「課題」とは、商品やサービスが問題に対してどれだけふさわしい対処策を提供してくれるかであり、「方法」は多様な対処策である。問題解決の範囲が広がれば、あるいは少なくとも**問題が解決できると思えれば、商品やサービスに対する購入意欲は高まる**。それを私は「**スイスアーミーナイフ効果**」と呼んでいる。カッターナイフは物を切るだけだが、スイスアーミーナイフにはドライバーや缶切り、栓抜きなどがついているので、かなりの使い道がある。

携帯電話はひとつの問題（無線での通信）を解決するために誕生し、数々の問題解決手段となった典型事例である。

私の最初の携帯電話は、使用場所が限られており、送信機から100m以上離れると通信できなかった。公衆電話よりわずかに便利ながら、職場や自宅から離れた場所で電話をかけるための代替手段にすぎず、きわめて限られた用途しかなかった。

現在のスマートフォンは大幅に高性能になっている。カメラ、ビデオカメラ、音声レコーダー、計算機、ネット接続、オーディオプレーヤー機能を備え、必要なアプリをダウンロードすればラジオ、テレビ、ビデオプレーヤー、拡大鏡、気圧計、高度計、温度計、気象予報装置、音量計、鏡、スキャナーなどとしても機能する。

だが、単に機能を増やせばよいというわけではない。ほとんどの電化製品は、数々のオプションを装備するようになり、複雑になりすぎているのかもしれない。技術者は、いわゆる「**共通認識の誤り**」に陥りやすいのである。コンピュータマニアや医者や大学教授をはじめとする専門家は、だれもが本人と同等の知識を持っていると思い込んでしまうため、同レベルの教育や経験を受けていない人にはまったく通じない発言をし文章を書く。

一般的な消費者は、新しい機器をマスターする時間も根気もないので、「ボタンを押すだけ」というのが理想的である。メーカー側は付加価値をつけているつもりでも、実際は顧客離れにつながる危険がある。だからといってオプションが不要というわけではなく、商品を箱から出せば機能している状態になっていればよい。つまり、電源を入れれば動き出すというのが一番だ。そのためにはニューロマーケティングの視点が不可欠である。

最後に消費者にとっての「目標」とは、問題に対する複数の対処策のなかから、一番満足できるものを見つけ出すことである。その選択に役立つのがネットサーフィン、価格の比較サイト、専門家のブログ、メーカーの公式サイト、消費者自身のサイトであり、ニューロマーケティングを活かしたサイトデザインによって、合理的な印象を与え、意識的あるいは無意識なモチベーションに働きかけるようになりつつある。

価格が持つ「買わせる力」

マーケティングの代表的手法といえば、もちろん「**価格設定**」である。だが販売する側もわかっているように、消費者の価格判断は不可解そのものである。

50年以上前の話だが、歯みがき粉メーカーにひとりの男性があらわれた。10万ドル払ってくれれば、まったくコストをかけずに売上を40％増やせると言うのだ。当時としては高額だったので、メーカーは技術者を集めてその秘策について考えたが答えがわからず、やむなく代金を支払った。

受け取った紙に書かれていたのは、「**チューブの口を大きくせよ**」という1文だった。

そこですぐにチューブの口を5ミリから6ミリにしたところ、出てくる歯みがき粉の量が40％増加し、消費者は以前より早く使い切ってしまうので売上は増えた。だが、だれにも気づかれない。仮に気づかれたとしてもクレームの理由にはならなかった。

価格を変えずに容量を少なくするという戦略は最近増えてきており、消費者の負担を増やさずに、企業側の利幅を維持もしくは拡大できる。その背景にあるのは、買い慣れた商品の容量は同じはずだという消費者の思い込みである。マーケットウォッチ・ドットコム（MarketWatch.com）の記者チャック・ジャフィーは、次のように説明している。

オレンジジュース売り場に行って「何を買っているのですか？」と聞くと、実際には2リットルも入っていないとしても「2リットル入りのオレンジジュース」と答える。1キロ入りのアイスも本当は900グラムで、空気が入っていたり、パッケージ変更にあわせて容量が少なくなっていたりする。問題は、あるメーカーが1パック単位で価格設定し、別のメーカーがグラム単位まで正確に価格設定していると、どちらが得なのか消費者にはすぐに判断できない点である。

メーカーは最大利潤を探求しながら、価格に見合う最大限の価値を提供しているという印象を与えるため、高度な専門知識のある価格コンサルタントに頼る。その代表的なアドバイスが、「価格はそのままで、パッケージサイズを小さくすること」である。ハーバード・ビジネススクールでマーケティングを担当するジョン・T・グルヴィルは、次のように解説している。

消費者は、価格変化にくらべて容量変化に気づきにくい。そこで企業側は、パッケージの幅と高さを変えずに奥行きを変えて同じシルエットにしたり、スナック菓子の空気量を増やしたり、ピーナッツバターのビンを底上げして同じサイズに見せかける。

実際にケロッグは、朝食用シリアルの箱をほんの少しずつ薄くしていった。わずかな違いなので消費者にわからなかったようだが、企業全体で考えれば利益への影響はきわめて大きかった。同じようにキルティッド・ノーザンは、トイレットペーパーの幅を1㎝程度縮め、スキッピーはピーナッツバターの容器にくぼみをつけて、容量を560gから500gに減らした。

消費者の意思決定を研究しているドナルド・マクレガーによると、**価格を5%引き下げて容量を10%減らした場合、消費者は価格に注目して値引きされていると思う。**一方、企業の利幅は5%増加し、消費者は以前より少ない量に対して高い金額を支払う事態になる。

その状況の検証には視線測定や潜在的連想テストが役立ち、商品表示の読み方や、少ない容量に対して同じ金額を支払う反応について調べられる。パッケージの変化はわずかなので実質的には意識できないが、脳画像を調べると潜在意識では気づいている。だからといってすぐに買わなくなったり、商品が嫌いになったりするわけではないが、次第に不信感や疑念が高まりかねない。いつもは意識していなくても、そのブランドとの関係は弱まっていく可能性がある。ウィリアム・パウンドストーンは著書『プライスレス』のなかで、次のように主張している。

価格は単なる数字にすぎないが、さまざまな感情を呼び起こす。状況が変われば同じ価格でも値引き価格と思われたり、法外に高いと思われたり、まったく問題がなかったりする。

愚かな買い物と「先頭数字効果」

価格の効果は、きわめて巧妙な場合がある。

たとえば、近所のカフェに出かけたとしよう。お気に入りのラテが350円から390円に値上がりしている。それでもいつものように購入するだろうか？　では、380円と思っていたのに420円だった場合はどうだろう？　別の店を探すだろうか？

カリフォルニア大学バークレー校のリディア・アシュトンによると、いずれも値上がり率約10%だが、ほとんどの消費者は最初の事例は購入し、2番目の事例は別の店を探す。なぜだろう？　最初のケースでは、価格は300円台のまま変化していないが、2番目のケースは300円台から400円台に上昇している。消費者への影響は、その変化のほうが値上がり率よりも深刻なのだ。

価格の先頭数字の購買行動への影響は、75年以上前から知られていたが（1936年のコロンビア大学エリ・ジンズバーグの研究が最初）、本格的な研究対象となったのは最近である。ほかにも9・99ポンドや9・99ドルは、10ポンドや10ドルにくらべて安いという印象を与えるため、全体の30〜65％の価格が9で終わっているという検証がある。また、先頭数字による認識の違いは価格に限らない。たとえば、カーサウエスタンリザーブ大学のニコラ・レセテラの研究グループが2200万件あまりの中古車取引を分析したところ、走行距離の1万マイルの桁数を基準に販売価格は下落していた。つまり、走行距離が2万8999マイルの車は、3万マイルの車よりも価値があると評価されるのである。

なぜ先頭数字によって認識が違うのか、正確な神経メカニズムはわかっていないが、おそらく**心理学的には、先頭数字だけに注目しているので残りの数字は見えていない**のだろう。

「買いたがる脳」をストップするもの

ここまでは、消費者心理学と脳科学を応用した新たなニーズの発掘と、きわめて強いウォンツニーズへの移行についての手法を解説してきた。ここからは「脳へのセールス」の障壁にテーマを変え、消費者の潜在意識に存在する購買行動の障害について見ていこう。

拒否反応

あなたはニューロマーケティングの研究に参加するため、猛暑の日に私の研究所にやってきたとしよう。スタッフが冷たいオレンジジュースを出してくれる。ところが飲もうとすると、大きなゴキブリがグラスを上がってくる。スタッフは謝罪し、ゴキブリは容器に戻された。そうなるとまったく心配はないはずである。ゴキブリは研究用に飼育されていて衛生上の問題はなく、無害である。確かに安全なのだが、そのオレンジジュースを再び飲もうと思うだろうか？

実験参加者のうち80％はジュースを飲もうとしなかった。しかもゴキブリを見つけた瞬間、鼓動、皮膚伝導、脳活動のすべてが急に激しくなり、ゴキブリ除去後も低下しない参加者が少なくなかった。

そのような「拒否反応」による影響は、簡単に確認できる。グラスに入った水を口にふくみ、グラスに戻せばよい。繰り返していると、自分の唾液の入った水を飲むのがどうしても嫌になり、続けられなくなる。

通常は3〜4回が限度である。なぜ健康に影響のないものを不快に感じるのだろう？

これは私たちに備わっている汚染物質に対する生まれながらの恐怖心と、害をおよぼす危険性のあるものを避けたいという自然な願望のためである。私たちが嫌悪するものの多くにはリスクがあるので、拒否反応は生きていくための重要な役割であり、小売店では陳列の際の配慮が必要になる。

スーパーの通路にゴキブリがいる確率は低いが、ほかの「**汚染物質**」を見つけて買い物をやめる可能性はある。ゴミ袋、ネコ用トイレ、タバコ、女性用ナプキン、おむつなどの日用品も**潜在的に「汚らわしいもの」と認識され、近くにある商品の魅力が大幅に低下する**。その状況は「**伝染効果**」と呼ばれ、同じ棚にある食料品は売上が減少する。

汚染物質に対する潜在的恐怖心が最も強くあらわれるのは、拒否反応につながりそうな商品が透明のパッケージで販売されている場合なので、ほかの商品の売上が低下しないようにするには、商品の中身が見えないパッケージにすればよい。

アリゾナ州立大学でマーケティングを担当する准教授アンドレア・モレイルズとデューク大学でマーケティングと心理学を担当するギャバン・フィッツサイモンズの研究によると、「**潜在的恐怖心の影響は、実際の接触がなくても、接触した感じがあれば起こる。しかも一時的なものではなく長時間持続し、選択に影響したり、評価が大きく変わったりする危険がある**」とされる。

また、買い物客は潜在的恐怖心による影響を強く否定しているため、無意識に起こっている現象といえる。

脳画像研究では、それらの感情やそれにともなう嫌悪の表情につながる部位を特定してきた。たとえば「扁桃体《へんとうたい》」は、わずかな電流を流すと嫌悪感や気分の悪さを引き起こす。脳の手術中の患者を調べると、気管や口が「つらい」感覚になるそうだ。「おう吐するときのように胃が上下した」という身体的反応を起こす患者もいる。もうひとつ嫌悪感に関わる部位は、「前帯状皮質」であり、不快な刺激の処理に重要な役割を持つ。

さらに研究では、嫌悪感が伝わる範囲についても解析が進み、**仲間の買い物客がわずかに嫌悪の表情を見せれば、同じように嫌な気分になる傾向が強い**。脳科学および心理学を専門とするブルーノ・ウィッカーの研究グループの分析は、次のとおりである。

他人の感情を理解するメカニズムは、自分自身の感情を自覚するメカニズムと同じである。しかも、何よりも重要なのは、他人の行動と感情を理解するメカニズムは共通しているので、他人の行動を理解するための神経メカニズムも同じだということになる。

人類が狩猟生活を送り、腐敗したものや有害なものから自己防衛してきたなかで、古くからの基本的な進化としてそのようなプロセスは誕生した。現在の買い物の場面にあてはめると、ほかの買い物客が潜在的であっても嫌悪感を抱いていれば、その表情から同じような嫌悪感が広がっていく。そうなるとやはり無意識に購入をためらったり、早々に店を出たりする結果になる。

消費者間の恐怖心の伝染による影響をニューロマーケティングで調べれば、不可解ながら購買行動への大きな障壁となる要因を特定し、対処できる。

字体の持つ潜在意識への影響力

パッケージやラベルの字体は、それほど重要だとは思われていないかもしれない。パッケージの文字や店内の看板が明朝体であろうと、ゴシック体であろうと、消費者には何の違いもないという認識だろう。だが実際はそうではない。

商品を購入するかどうかの判断には、消費者が店内のメッセージをどれだけ早く簡単に理解できるか、いわゆる「**処理の流暢性**」が、通常は意識されていないが、大きく影響している。なかでも見慣れない商品の場合、その傾向が強い。

たとえわずかでも読みにくければ、理解する労力やエネルギーが必要になり、買い物のスピードが落ちる。第4章で説明するように、脳はエネルギーをできるだけ使わないようにするため、さまざまな精神面の防御策を講じるので、**見慣れない印象を与えたり、読みにくい字体を使ったりすると、無意識に消費者の評価が下がってしまう。**エール大学マネジメントスクールでマーケティングを担当する准教授ネイサン・ノーベムスキーは、次のように説明する。

意思決定を大きく左右する「処理の流暢性」は、真実かどうかの判断に強く影響する。人は、スムーズに理解できれば見慣れた文章だと推論し、よく知っているものは真実だと結びつけるので、スムーズに理解できれば真実だとして肯定的に評価する。

ノーベムスキーらの実験では、被験者に2種類のコードレス電話のどちらかを購入したいか、あるいは判断を保留したいかを聞いている。電話の説明には、標準的な字体と読みにくい字体という違いがある。すると、判断を保留したのは、読みやすい字体の電話はわずか17%だったのに、読みにくい字体の場合は41%になった。

また、**説明文に写真が入っていると、脳は素早く情報処理できる**実態もわかっている。奇妙なことに、写真が商品や文字情報と無関係であっても、その状況は変わらない。

私たちの研究所では、さらに一歩進んで、商品の魅力を高める字体のほうが食品をおいしいと感じさせ、継続的な購入につなげられるかどうかを検証した。

驚いたことに、そのとおりになるケースもあった。

実験では、被験者を2つのグループに分けてトマトスープを評価してもらった。それぞれのスープにはCourier（クーリエ）とLucida Calligraphy（ルシーダ・カリグラフィー）の各字体で「濃厚でクリーミーなトマトスープ」と書いてある。

Rich and creamy tomato soup（Courierでの表記）

Rich and creamy tomato soup（Lucida Calligraphyでの表記）

食後、味、満足感、新鮮さを7段階評価してもらい、スープを購入しようと思うかどうかを聞いた。2つのグループに出されたのは同じトマトスープ缶だったが、**Lucida Calligraphyのフォントのグループのほうが味、満足感、新鮮さを高く評価し、必ず購入するという人数も2倍**だった。

次の章では、なぜそうなるのか、ニューロマーケティングではどのように消費者の思考や感情を測定しようとしているのか、広告やマーケティングや販売担当者は、それらをどのように利用して、売上や利潤の拡大につなげようとしているのかを説明する。

第3章

「あなたの考えはお見通しです」

「脳が不可侵だというのは、ヌードを否定する社会通念のようなものにすぎない」

——ホセ・デルガード

「あなたの考えを見抜きます。頭にいくつか電極をつけるだけで、まるで本を読むように何を考えているのかわかりますよ！」

２００3年にニューヨークで開催されたマーケティングの展示会で、注目のニューロマーケティングのブースにいる若い担当者に言われた。盛況なのも無理はない。クライアント企業は、その画期的な市場調査手法を導入すれば、顧客の心を「傍受」して考えを読み、潜在意識を探って脳の中の「買う気スイッチ」を見つけ出せると信じ込まされていた。しかも、ほかのすべての市場調査は不要になる日も近いと思い込んでいたのだ。

当時の私は、その言葉をまったく信じていなかった。20年以上の経験から、脳について理解するのは、そんなに簡単ではないとわかっていたし、科学的根拠のない誇大広告に違いないと確信していた。

だが10年間で脳画像技術と脳機能の研究が急速に進んだ結果、考えは大きく変わっている。ニューロマーケティングによって、すべての人の考えを読み解けるわけではないが、ブランドや商品に対する潜在意識の反応は把握できる。ショッピング中の興味や関心の変化を見分け、**どのようなメッセージが心に残るのか、忘れるのか、**かなり正確に言い当てられるだけでなく、**感情面の反応が良いのか悪いのか、どれぐらい欲しいと思っているのか、どれぐらい買う可能性があるのか**も判断できる。

技術的な説明をする前に、まず基本的な疑問から解決していこう。なぜ頭に電極をつければ考えや感情がわかるのか？　本人へのインタビューだけではいけないのか？

ただ「聞く」だけでは、見えないこと

商品やブランドに対する消費者の意見を調べる従来の手法は、アンケートやグループインタビューである。しかし、どれだけ慎重に設問を作って丁寧な調査をしても、欠点は取り除けない。なかでも問題なのは**被験者のうそや脚色**である。微妙な内容の調査の場合、一般的に受け入れられそうな回答や、できるだけ自分がよく思われるような答えを用意する。そのため真実からかけ離れた結果になり、誤った判断や無駄な作業にすらなりかねない。

質問の順番や方法や表現によっても回答は大きく左右される。また、調査を実施する側の性別や民族性が影響する事例もまれにある。

テキサス大学のダニエル・ギルバートとJ・グレゴリー・ヒクソンの実証研究では、女子学生に「P_ST, POLI_E, S_Y」のスペースを埋めて単語を完成してもらった。出題はビデオで行われ、白人あるいはアジア人の女性がめくったカードにそれらの文字が書いてある。すると回

答は、出題者が白人女性の場合は主に「POLICE, SKY」、アジア人女性の場合は「POLITE, SHY」となった。違いの原因は、白人女性は独断的で支配的、アジア人女性は従順で消極的という固定観念にある。

言葉にならない無意識の思い込みは、グループインタビューやアンケートの結果を変容させる危険がある。もちろんグループインタビューの進行役に専門的な研修を行い、アンケート調査を匿名にするなどの対策は講じられてきたが、消費者の心の中や記憶を正しく理解するには至っていない。調査対象者が理性的でない、あるいは協力的でないことが原因ではなく、心や記憶の働きによる影響である。

記憶とは、正確さに違いはあっても、過去の出来事や感情の記録と考えがちだが、そうではない。実際は過去の出来事の再構築であり、アクセスするたびに構築されていくので、少しずつ変化している。もし再構築できない部分があれば（通常はかなり多いのだが）、作話《さくわ》と呼ばれるプロセスによって空白部分を埋める。だがどれだけ明確な出来事の再構築であり、真実だと固く信じている出来事でも、作話の可能性があることを裏づける奇妙な事例がある。

存在しなかった飛行船

ライト兄弟が、空気より重い飛行機の有人動力飛行に初めて成功してから6年後だった。1909年12月12日の朝、イングランドの都市ウースターの著名人ウォレス・ティリングハーストがボストンヘラルドに電話をかけ、空気より重い単葉機の開発に成功したと話した。しかもボストンからニューヨークまで約300マイルを飛行し、自由の女神を旋回して戻ってきたと言うのだ。

世間は大騒ぎになり、その歴史的飛行の目撃談が警察官や軍関係者、医者や弁護士、著名な経営者からも続々と届いた。航空エンジニアの談話には、翼は70フィート、尾翼とプロペラは45フィート、エンジンやモーター音から判断すると、6気筒か8気筒という飛行機についての具体的な説明もあった。はっきりした鮮やかな記憶だと思うかもしれない。ところが飛行はウォレス・ティリングハーストの想像で、完全な作り話だったのだ。

この逸話は記憶にだまされる極端な事例だが、過去の出来事を悪気なく「創作して」回想するのは珍しい話ではない。そのため、どれほど詳細な記憶であっても信用できない。

後の章でさらに詳しく説明するが、記憶は「明示的記憶」と「暗示的記憶」に大別される。**意識的に思い出すことができ、あいまいで不正確な価値の低い記憶が「明示的記憶」、意識的に思い出せず、行動への影響がきっかけで間接的によみがえるのが「暗示的記憶」**である。市場調査が難しいのは、消費者は購入を決めてから本人の判断を自覚し、その段階で自分自身や周囲に対して購入を正当化しようとするので、購入の本当の理由が歪曲されるためである。従来型のアンケートにあらわれるのは、まさにその内容である。

イギリスの広告業界の重鎮だったデイビッド・オグルヴィも同様の見解である。

消費者は自分の考えを把握していないし、本当の考えを言わないし、言っているとおりに行動しないため市場調査は難しい。

しかし**QEEGやfMRIなど「脳を解明する」技術を使えば、記憶の蓄積あるいは記憶へのアクセスの瞬間を正確に判断し、主体的に関与した部位も特定できる。**たとえばアトランタにあるエモリー大学病院の脳科学者たちは、前頭前皮質の活動と商品の魅力とのつながりをつきとめ、「その部位が激しく活動すると、商品と自己イメージがあっているので、購入する確率が高くなる」とクリント・キルツ所長は説明している。

ミシガン大学のウィリアム・ゲーリングとエイドリアン・ウィロビーによる意思決定についての研究では、QEEGを使って被験者の脳の電気的活動を調べた。被験者の見ているコンピュータ画面には2つの箱があらわれ、一方には5セント硬貨、他方には25セント硬貨がかくされており、高額の箱を選べば報酬としてもらえる。被験者がいずれかを選ぶと箱の色が変わり、赤になると負けで没収、緑になると勝ちである。結果を分析すると、勝敗の表示から4分の1秒後に前頭前皮質が活動し、負けが続くとその傾向が強まっていった。

それこそが「**ギャンブラーの誤り**」の証拠である。すなわち、**負け続けると、次は勝つはずだという思いが強くなって、正しい判断ができなくなる**のだ。実験では、その判断は感情的なものであって、熟慮の結果ではないことを確認するとともに、QEEGを使えば脳の状況を把握できることも証明された。

QEEGとfMRI——消費者の考えをのぞき見する

脳細胞（ニューロン）間の情報伝達には、ナトリウム、カリウム、塩素、カルシウムなど数々の化学物質が関係し、それらが電荷を帯びているので細胞の内外で電位が生じる。脳波とは、その電位を頭がい骨の外側からとらえたもので、1秒間の周波数（ヘルツ、Hz）や波長（振幅）を測定する。いずれも精神状態や対処すべき環境要因によって常に変化している。

周波数による脳波の分類は、まだ世界標準化されていないが、一般的に脳科学では次の定義を用いる。

・デルタ波（0・5～4ヘルツ）……主に睡眠状態
・シータ波（4～6ヘルツ）……リラックスした精神状態や瞑想状態
・アルファ波（8～12ヘルツ）……リラックスして集中していない状態
・ベータ波（13～40ヘルツ）……不規則で振幅が少ない。警戒しており、精神的負担のある作業を行っている状態
・ガンマ波（40～100ヘルツ）……記憶の形成や強化の状態

私たちの考えや感情には、本人の意識の有無にかかわらず固有の電気信号があることが実証されているため、**脳波を調べれば理論的には考えや感情を割り出せる。**

医療分野では、ＥＥＧがとらえた多様な波形をコンピュータ画面や記録テープにそのまま

図3.1　EEGの事例

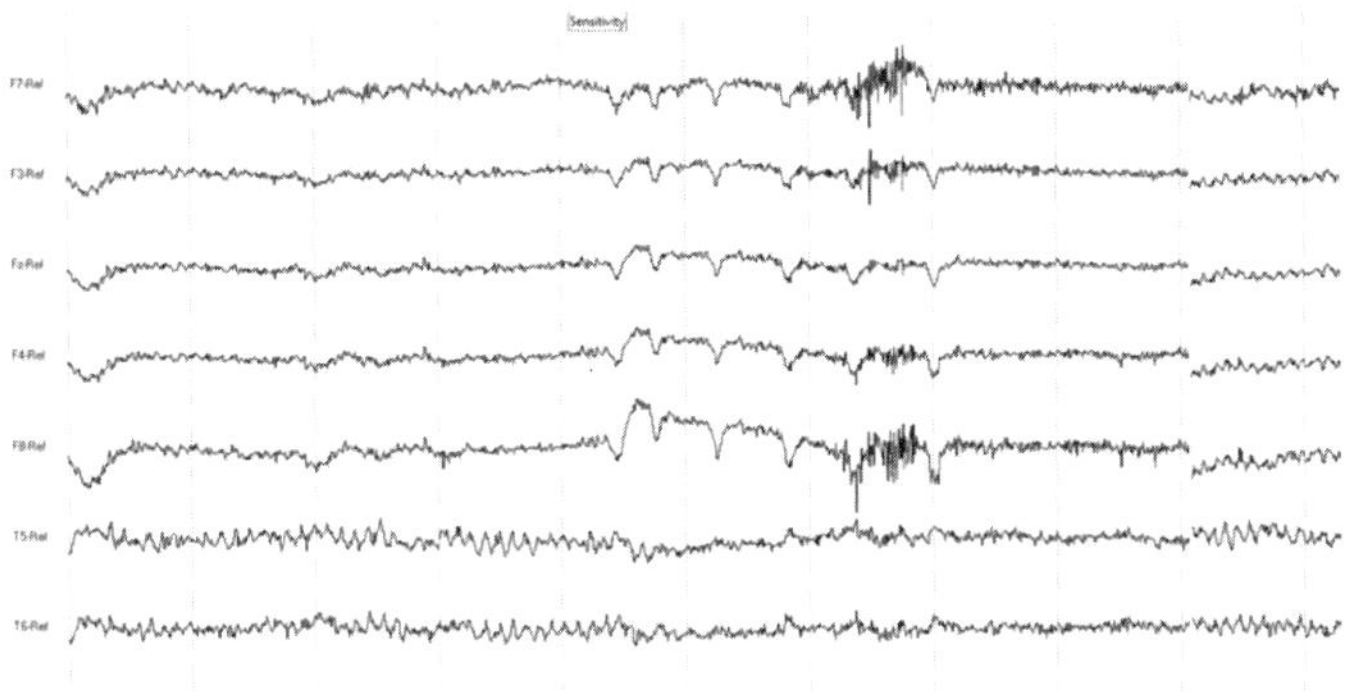

左の文字および数字は電極の位置をあらわしている

出所：Mindlab International

データとして映し出し、専門スタッフが解析する。たとえば図3・1の場合、波形の特徴からてんかんや腫瘍などの脳疾患だと診断できる。

データはデジタル化されるため、「Quantified（数値化した）」の頭文字をつけたQEEGと呼ばれ、分析しやすくなっている。その周波数の変化を見ながら、「テレビCMに対する視聴者の反応は？」「新しいブランドデザインがどう思われているのか？」「買い物客はそれぞれのディスプレイにどれぐらい注目しているのか？」という問いに回答していく。

私たちの研究グループでは、ショッピングから映画鑑賞、ベストセラーの読書、車の運転、軽飛行機の操縦、警察官の制圧訓練までさまざまな行動にともなう脳波を記録、分析している。それに1秒単位で目の動きを記録する視線測定装置などの特殊機器のデータを組み合わせれば、被験者が何を見たり、聞いたりしたときに、どのような脳の活動状況になるのかを正確に把握できる。

EEGのメリットは、脳で起こっている状況をリアルタイムで把握できる点である。たとえばテレビCMの分析の場合、シーンごとにデータ収集できる。そのためシーン別のインパクトを測定して、ほかのシーンとの比較ができる。同様に購買行動の分析では、スーパーの通路を行き来しているときや陳列棚の商品を選んでいるときの視線と脳の活動を調べられる。

もしテレビCMが1分37秒でベータ波が急上昇していれば、その瞬間におそらく興味や関心を集めるシーンが放送されている。また読書中、左脳の前頭部が活性化していれば、プラス感情を抱いている。逆に右脳前頭部が活性化していれば、マイナス感情のサインになる。

脳の活動を把握する機器はEEGだけではない。さらに複雑で高額な装置が**fMRI**（**磁気共鳴機能画像法**）である。

脳の特定部位が強く活性化すると、毛細血管が拡張して血流量が増加し、ニューロンへの酸素と燃料（グルコース）の供給量が増える。

酸素が増えた血液は、酸素と結合していないヘモグロビンを減少させるので、わずかに磁場が変化してＭＲＩ信号が変わる。その変化をとらえて活性化している部位を特定するのがＭＲＩの仕組みである。たとえば突然フラッシュを見ると、後頭部にある視覚を司る部位が活性化して血流が増加するので、ＭＲＩ信号も同様に変化する。

ｆＭＲＩは脳機能の解明に大きく貢献している。１９９０年代はじめに外部からの脳画像撮影が可能になって以来、医療は大幅に進歩した。人の判断や意思決定、記憶の形成、感情の醸成の仕組みもわかるようになり、消費者心理を解明し、ビジネスにも活かせるようになっている。

ニューロマーケティングに脳画像を活かせることを実証した代表的事例として、ベイラー医科大学のリード・モンタギュー研究グループによるペプシコーラのブラインドテストがある。被験者にコーラを飲んでもらい、**得をしている感覚を示す「腹側被殻」の活性状況**を調べると、ペプシコーラとコカ・コーラのどちらかを飲んでいるのか知らない場合、**コカ・コーラよりもペプシコーラのほうが5倍活性化**した。ところが、どちらを飲んでいるのかを知らせた場合、まったく違う結果になった。

ほぼすべての被験者がコカ・コーラのほうが好きだと答え、思考や判断に関連する前頭前皮質が腹側被殻とともに活性化していた。つまりコカ・コーラの記憶や印象、言い換えればブランドイメージが好みを左右するのである。

ほかにも脳画像をビジネスに応用できる事例はあり、体性感覚皮質が活性化していると、商品の所有や使用をイメージしている。脳科学者ジャスティン・モーによると、脳画像を見れば嗜好を目で確認できる。そのデータはマーケティング手法の判断に活かせる。

このようにQEEGやfMRIは、いずれもニューロマーケティングの強力なツールであり、両方を導入している研究所もある。だが欠点がないわけではない。何よりの課題は、QEEGは、脳の中の変化が起こっている「タイミング」は正確にわかるが、「場所」は把握できず、逆にfMRIは「場所」はわかるが「タイミング」がわからないところである。詳しい比較は、コラム3・1にまとめている。

人為的影響が深刻なのは、特にショッピングなど実際の生活シーンでの検証である。担当者は次のように話している。研究室でのEEGを使った検査は無菌室のようなもので、壁は白く照明は調整され、窓もなく音も聞こえない。だがスーパーで検証するとなれば、周囲には子どもも多く、BGMが流され、携帯電話も鳴るので、正確なデータは集められない。

column 3.1 脳画像分析の問題点

QEEG

■QEEGでとらえる電気信号は、脳の表面部分のものに限られる。感情を左右するような深層部の脳活動は詳細に把握しにくい。

■脳の変化の瞬間を正確にとらえられるが、場所は特定できない。

■時間と費用がかかるので検証人数が限られる。1回の実験あたり40人以上というケースは珍しく、通常は被験者がかなり少ない。

■脳からの信号が「ノイズ」に影響されやすい。主な要因は、蛍光灯、エアコン、エレベーターなどのさまざまな電化製品や電子機器の交流電流であり、脳波の記録機器本体が望ましくないノイズを出す場合もある。

■ほかにも人為的な影響として、人体の埋め込まれた機器や関連機器から生じる誤った信号がある。

fMRI

■音が大きく、被験者は動けないので、閉所恐怖症による問題が起こりかねない。

■多額の費用がかかり、機材自体の費用約20億円に加えて年間数千万円の維持費用が必要になる。耐用年数もかなり短く、スキャン装置は5年もすれば使い物にならない。

■スキャンの操作および解析には高度な技術者が必要である。

■被験者は機材のなかを通らなければならないので、1度に1人しか検査できない。

■仰向けに横たわっている被験者にCMを見せる場合、鏡あるいは小型テレビを使用するので、きわめて不自然な環境でブランド評価や商品比較をすることになる。

■検査結果は、脳が10分前後の検査時間にどのように反応していたのかの断片にすぎない。そのため、動きの速いテレビCMなどの分析はできない。

ニューロマーケティングは科学的に正しいのか？

初期のニューロマーケティングに対する数多くの批判のなかには、きわめて正当なものもあった。たとえば有名な雑誌「ネイチャーニューロサイエンス」の２００４年の論説記事では、ニューロマーケティングは「一時的な流行にすぎず、科学者とマーケティングコンサルタントがビジネスのために科学を悪用している」と評価された。

理解してもらいにくかったのは、クライアントに対する守秘義務があるためデータの提供ができず、学術上の正当性を確認するために欠かせない論文の査読にも対応できなかったことにもある。だが、ニューロマーケティングそのものに懐疑的な科学者も少なくなかった。２００８年には、あるブロガーが次のように書いている。

> ニューロマーケティングの真の目的には、腹立たしく思うはずだ。どこに行ってもブランドロゴやＣＭなどが脳内に浮かぶようになる。脳画像を商業利用して（しかも有効性がかな

り疑わしく）消費者の嗜好を調べようとしているのだ。

しかし近年、科学的な信憑性も高まりつつある。

2011年には、ニューロマーケティングの信頼性およびビジネスとしての価値を評価する動きも始まり、私たちの研究所をはじめ8社の代表的なニューロマーケティング企業が8種類のテレビCMを分析した。結果を慎重に検証したQEEGやfMRIの専門家たちは、次のように結論づけている。

既存の脳科学の文献や査読を通過した論文に照らして、科学的に有効な手法や仕組みもあった。また、独自に開発した手法で、市場との高い整合性は見られたものの、科学的には明確な根拠に欠けるものもあった。

業界として科学的な研究を進め、ニューロマーケティングの手法ならびに分析結果の有効性を示す必要があるという見解には、大いに賛同している。

潜在意識を「見える化」する さまざまな技術

ニューロマーケティングでは、通常QEEGとfMRIを用いるが、ほかにも潜在意識を探る手法はある。

視線測定

赤外線を照射して目の動きを調べる視線測定機器は、実験中の目の動きだけではなく、雑誌広告についての検証の場合、特定の広告を見ている時間もわかる。被験者は機械の前に座って画面に映る映像を見たり、携帯機器を装着してショッピングや車の運転を行ったりする。図3・2は、データ収集の事例である。

心拍数

身体的興奮による心拍数の変化は、胸に装着するセンサーや指に装着する脈拍計で簡単に測

図3.2　視線測定の事例

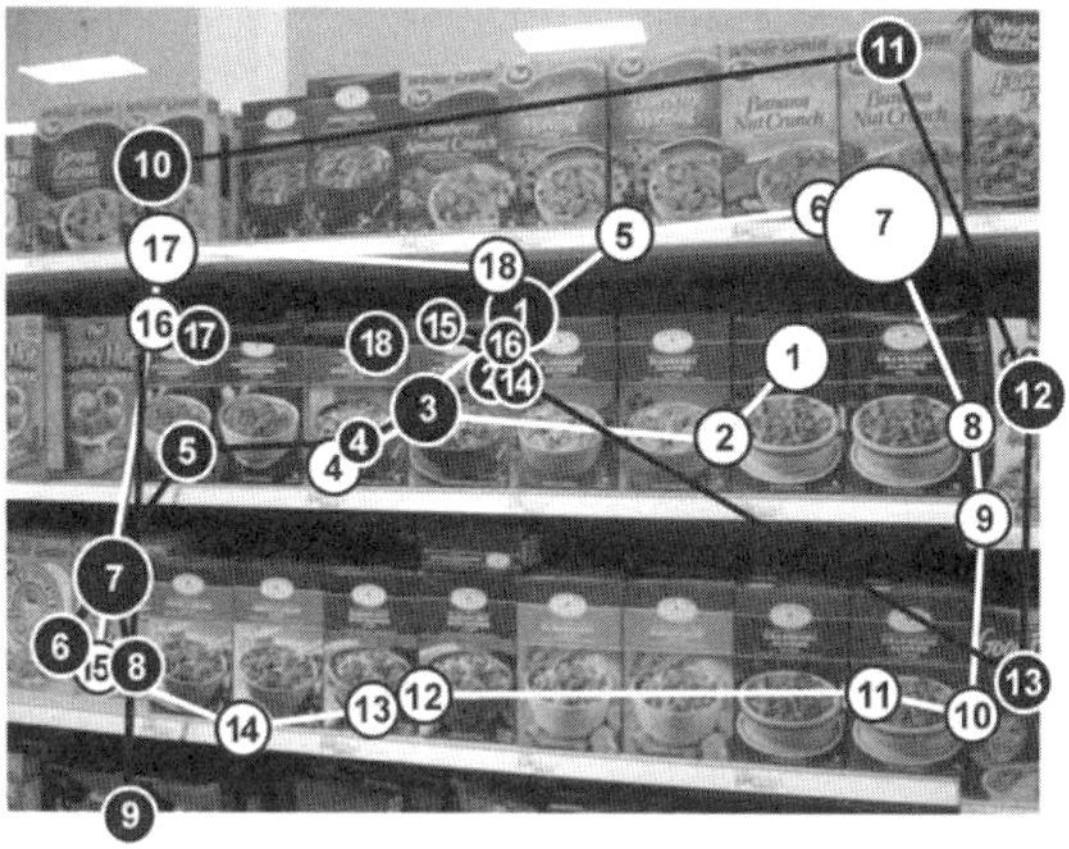

円のなかの数字は視線の動き（男性が白、女性が黒）、円の大きさは見ていた時間をあらわしている。円が大きくなるほど注目度は高い

出所：Mindlab International

定できる。身体的興奮度の指標として有効である。

皮膚伝導

身体的興奮が高まると、体内のわずかな電流の伝わり方が変化する。その変化は指に装着した電極にあらわれ、無意識の反応を検証するのに有効である。

被験者が「失ったもの」の記憶についての研究では、鍵や携帯電話の紛失から物語や映画での架空人物の死亡まで、多様な設定で皮膚伝導を測定するとともに感情の動きに点数をつけてもらった。するとディズニー作品でバンビの母親が殺害されるシーンについて動揺したと回答した女性は数名、男性はゼロだったが、皮膚伝導にはすべての被験者の強い動揺があらわれていた。

潜在的連想テスト（ＩＡＴ）

ニューロマーケティングでは、生理的指標の調査だけでなく心理テストを加える場合もある。代表的なものが潜在的連想テスト（ＩＡＴ＝Implicit Association Test）で、**脳画像を撮影せずに「潜在的反応」を調べられる。**テストでは、言葉やイメージを「受け入れる」、「拒否する」といった複数のカテゴリーに分類するスピードを正確に測定する。回答は瞬時に行われるので意識的に考えられず、潜在意識の検証として有効である。

オンラインの意識調査

私たちの研究所は、インターネットで潜在的な意思決定や感情を調査できるソフトウエアを開発している。この方法を使えば、研究室での限られた人数の調査ではなく、数千人規模の消費者調査が可能である。

たとえば、有名なブランドの画像を少しずつ見せて、被験者がブランドを判別した瞬間を調べる。検証データは、ブランドの認知度や広告キャンペーンの効果指標になる。店頭やオンラインにおける広告、マーケティング、販売手法の見直しや改善にも応用できる。

これからのニューロマーケティング

10年あまり前、脳画像研究の第一人者であるウタール教授は、次のように語っていた。

ＥＥＧの創造的応用が進めば、ＳＦにすぎないと思われていることが「現実」になる。心理学では、いまだに具体的な思考と脳内変化との関係を実証できていない。

本章で最初に説明したように、当時にくらべて脳機能の研究は格段に進み、「ＳＦの世界」が現実になってきた。本格的な脳の研究や「脳内変化」の完全な解析は始まったばかりだが、成果は見えてきている。

ここまでのニューロマーケティングについての現状解説では、新たな領域として直面している課題も明らかにしてきた。「頭にいくつか電極をつけるだけで、まるで本を読むように何を考えているのかわかりますよ！」という自信に満ちた言葉が現実になるには時間がかかるかもしれない。

だが、ニューロマーケティングのビジネスとしての価値は確かなものとなり、ほかの手法では不可能だった消費者の潜在意識の把握もできるようになっている。これからの章では、具体的な成果を詳しく説明していきたい。

第4章

ショッピングはあなたの「気分」だけでは完結しない

「心と体の関係は、これまでの想像以上に複雑である。知覚が脳に与える影響を調査した結果、思っていた以上に体も心に影響する可能性がある」

――アイリス・ハン、アパルナ・ラブルー

脳は体から出しても死なないのか？

生命維持液に入れておけば、体がなくなっても通常どおり機能し続けるのか？

こうしたことを最初に疑問に思ったのは、初めて死体解剖に立ち会った学生時代である。検死対象は22歳の男性、バイクがスリップし、停車中の大型トラックに衝突したのだ。

病理学者は、死体を客観的に臓器の集合体と見なして死因を解明する。それが職務である。だが初めて解剖を経験した20歳の私が、同じように対処できるわけがない。だからおそらく何十年もたったいまでも、地下の古ぼけた遺体安置所の様子、音、匂いまで鮮明に思い出せる。

まず解剖では、表皮から皮下組織、線維組織、頭皮と骨を接続する帽状腱膜を開いていく。担当の病理学者は左耳うしろから後頭部に向かって徐々に強く、深く、右耳うしろまで切開した。そうすればミカンの皮をむくように髪、皮膚、組織を骨からはずせる。次に骨のこぎりで、脳を傷つけないように注意しながら頭がい骨を切断し、頭頂部を取り除くと、脳と保護外層である硬膜の間に大きな血栓があらわれた。この硬膜下血腫と呼ばれる外傷によって男性は死亡したのである。続けて視神経、眼球運動を制御する第3脳神経を切除し、血液におおわれた脳を取り出して重さを計測する。

そのぬるぬるした複雑な臓器を見ながら、古代エジプトの死体処理では脳を針でつぶして鼻から取り出していた理由がわかった。血液を冷やす電源のようなものにすぎないと見なされていたからである。ミイラ化する遺骸には心臓だけが残され、精霊が存在する心臓さえあれば、死後の世界でも困らないと信じられていた。「脂肪、タンパク質、水でできたこの不気味な塊が、本当に人間の本質なのだろうか？」と不思議に思った。

この章では、脳科学の視点からそのような疑問に答え、脳は単なる臓器ではなく人体や人体を取り巻く環境、社会や文化の一部であることを説明していきたい。

脳は体から分離して存在できるか？

体から分離した脳が動き続けるという考えには、古くから小説家や学者たちが興味を持ってきた。たとえばロアルド・ダールの『William and Mary（ウィリアムとメアリー）』に登場するウィリアムは、自分の死後、脳を取り出して生かしておくよう遺言する。人工心臓から血液が送られ、水槽に浮かぶ片目で周囲を見る。もちろん見るだけで決して触れられない。

アメリカの哲学者ヒラリー・パトナムは、「水槽の脳」という思考実験で有名である。世界は心と独立したもので構成されるという見解に異を唱え、人間は実際の生活を完璧に再現できるコンピュータにつながれている単なる脳だと考えられるだろうかと問いかけた。

現代の医者は、当然倫理的理由からそのような恐ろしい実験をしようとは思わないが、死後の脳の保存は19世紀後半には行われていた。1884年、フランスの科学者ジャン・バティスト・ヴァンサン・ラボルドは、おそらく世界で初めてギロチン処刑囚を生き返らせようとした。ギロチンが考案されたのは、その100年ほど前である。ジョゼフ・イニャス・ギヨタンが、絞首刑のように非人間的で残酷な方法に代わる「斬首機械」の導入を訴えたのがきっかけだった。だが数年にわたって医者や解剖学者からの反論が続き、脳は体から切り離されても数分間は活動状態が続くので、処刑後も苦しみ続けると主張していた。

そこで、論争や社会不安を抑えようとしたフランス政府が、医者であるラボルドに研究を依頼し、斬首刑を受けたばかりの頭部を提供したのである。実験では、酸素を豊富に含んだ牛の血液を輸血して蘇生を試みた。また、頭部の頸動脈を犬のものと接続したところ、わずかに脳機能が回復して目の開閉が見られ、周囲を見回しているようだった。

もうひとりの医者ガブリエル・ボーリューの研究では、ランギーユと名づけた死刑囚の「まぶたと唇」に5～6秒間不規則な収縮が見られた。その後20世紀になって医学が大幅に進歩すると、そのような不気味な研究が成功するようになる。1960年代、クリーブランド・メトロポリタン病院の神経外科医ロバート・ホワイトは、サルの脳を摘出してすぐに心肺装置につないだ。するとサルの目は、室内の人や物の動きを追いかけたというのだ。口に食べ物を持っていくと、かんで飲み込もうとする。すべてのサルは3日以内に死亡したが、人体実験について聞かれると「もちろん検討しています。きっと成功するはず」と断言している。

独立しているわけではない脳

脳が体から離れても肉体的に生きられるとすれば、心理的にも生きられるのだろうか？

ウィスコンシン大学マディソン校の哲学者ローレンス・シャピロによれば、科学では人間の心をコンピュータのような情報処理システムと見なす「心の計算理論」が支持され、「認知は脳へのインプットからスタートし、脳からのアウトプットによって終了する」と考えられているので、脳の外の世界にはとらわれない。

もしこの考え方が正しく、私たちの五感は情報を「インプットする」ための道具であり、骨格筋は行動を「アウトプットする」ための手段にすぎないとすれば、脳は体外でも機能し続け、生物学的コンピュータとしての役割を続けることになる。

しかし、この「標準的な認知モデル」に強く反論する「身体化された認知」という新たな見解があらわれ、脳の機能を理解するには身体との関係が欠かせないと主張している。たとえばエラスムス大学のブラム・ファン・デン・ベルフの研究グループは、次のように発表している。

認知活動の根源には身体があり、認知を補佐すると同時に抑制しているのは、身体と脳の組み合わせである。したがって、身体も消費者行動を左右する。

さらに進んで、脳は身体だけでなく、環境とも一体化しているという見解もある。自宅の環境、家族、友人、社会、さらに文化すべてが密接に連携し、総合的に作用すると考える。コミュニケーションの専門家ウィルソン・ブライアン・キイ博士は、その1人である。

私たちは、本人が認識している現実の一部に組み込まれている。その現実、そこに存在する無数の影響から自分たちを分離する方法が見つかっていない。無意識に社会や経済、政治の情勢によって作り上げられる現実は、時を経て文化を醸成する。

こうしたことは脳に対する売り込みにどんな影響があるのだろう? その考え方が正しいとすれば、消費者の考えや感情は、程度の違いはあっても、周囲のあらゆるものに左右される。

そうなるとわずかな環境変化（あるいは文化の違い）によって消費者の考え方や感じ方がいかようにも変化し、意識的あるいは無意識にブランドイメージや購買意欲に影響を与える可能性がある。

その検証として、まず自我と脳の関係を見ていこう。驚くべきことに、私たちの脳はひとつではなく2つある。

購入を左右する「第二の脳」と「第二の体」

第一の脳が頭の中にあるのに対して、第二の脳は消化管にあり、いずれも考え方や感じ方を大きく左右する。

消化管の腸管神経系（ENS＝Enteric Nervous System）は、猫の脳とほぼ同数の約1億のニューロンで構成されている。大脳皮質にくらべれば数千分の一にすぎないが、第二の脳と呼ばれる理由がある。たとえば消化管の機能および作用を絶えず自発的に監視し、消化管の動きと酵素の分泌を制御する。そのための30を超える神経伝達物質は、ほぼ中枢神経系と共通している。

人間の2つの脳は、広範に連動して消化をコントロールし、必要なエネルギーを作り出しているので、「消化管」の脳に影響するものは「頭」の脳にも影響があり、逆に頭への影響は消化管にもおよぶ。試験や就職の面接で強い不安を感じると、うまく力を発揮できず、トイレに行きたくなるはずだ！

したがって商品やサービスの販売では、消費者の2つの脳への働きかけが有効だと考えられる。最大限の効果を上げるには、心と頭ではなく、頭の脳と消化管の脳に訴えなければならない。

同様に驚くべきは、私たちが本当は2種類の有機体であり、皮膚を共有しているにすぎないという事実である。

「第二の体」とは、健康な成人であれば消化管に住み着いている約100兆個のバクテリアである。「**マイクロバイオーム**」と称され、臓器のように1kgほどの重量がある。細胞の数は、父親の精子と母親の卵子から形成される人体の細胞の約10倍、遺伝子は、人体の約2万3000種類に対して約300万種類を数える。

2種類の有機体は、互いに強く依存しながら共生し、健康な状態を支え合っている。マイクロバイオームは、人体の体温、保護、栄養と引き換えに多数の複雑な炭水化物を消化し、平均的な成人の消費エネルギーの15％程度を作り出している。体重の増減にも大きく影響し、体重の増加は食べ過ぎが原因といわれがちだが、問題は頭ではなく消化管にあるかもしれない。

２００６年、ワシントン医科大学のルース・レイ医師のグループは、肥満と栄養不良のアメリカ人の消化管のバクテリアを調べ、２つのグループに見られた大きな違いを体重差の一因と説明している。

食品の買い物に行くと、確かに体が必要としているものが購入行動に強く影響し、食後すぐの買い物かどうかによって、購入する商品や量が大きく変わる。その影響度を調査するため、2種類のグループに10ポンドを渡し、スーパーでランチを購入してもらった。一方のグループは朝から何も食べておらず、他方のグループは３７０カロリーのヘルシーな軽食を食べている。それぞれ自由にスーパーで商品を選ぶことができる。

両者の購入した商品を調べると、まったく違っていた。「空腹な」グループは、ほとんどがジャンクフードを購入し、脂肪分と糖分が高く、すぐにエネルギーになるような食品を選んでいた。１人あたり平均では合計２８４０カロリー、脂肪分１４１g、糖分１１８gだった。だが軽食を食べていたグループは、栄養価が高く、脂肪分の少ない食品を選び、１人あたり平均７１５カロリー、脂肪分はわずか28g、糖分は48gという結果になった。つまり空腹時に食品を購入すると、それほど空腹ではないときにくらべてカロリーは300%、脂肪分は400%、糖分は146%増加する。

脳と体は分離できず一体化している現実は、ひどく歯が痛むのに集中しなければならないときや、頭が割れそうに痛いにもかかわらず判断しなければならないとき、風邪をひいているのに明るく陽気にふるまわなければならないときに痛感する。

また、精神状態が健康にさまざまな害をおよぼすこともあり、心因性の問題を抱えていると、必要な行為を行う意欲を喪失するセルフネグレクトや自傷行為、過食や拒食、免疫機能や抵抗力の低下につながる。

「態度」と「行動」と「感情」の関係

私たちの2つの脳や2つの体の間にも、常に同様の相互作用が働き、立ち方、座り方、動き方、行動の仕方に影響しているため、わずかな肉体的な動きによって考え方や感じ方が大きく変わる可能性がある。しかも「身体化された脳」に配慮したセールス戦略によって、巧妙かつ無意識に影響を受ける数々の手法も存在する。

購入する商品、お気に入りのブランド、ショッピングの方法に対する買い物客の態度は、メーカーや販売業者の盛衰の鍵を握っている。では、まったく別物に思えるかもしれない態度と感情には、どのような関係があるのだろう?

「態度(attitude)」という言葉は、ラテン語のapto(適性や適合)とacto(体勢)から派生し、それらの語源はサンスクリット語のag(すること、行動すること)である。19世紀中頃、行動に対する心の準備を意味する言葉として、心理学で初めて用いられた。

体勢と態度との関係を心理学的に研究した第一人者、人類学者のフランシス・ゴルトンは、「夕食会でのゲストに対する態度は、体の向きを見ればわかる」と分析した。以来、動作、態度、行動の密接なつながりについて、数多くの研究が発表されている。

たとえば、こぶしを握るだけで利他的になることがわかっている。また、多くの国では親指を立てるのは承認動作であり、どことなく架空のキャラクターに似ていれば、男性の場合はそうでもないが女性の評価は上がる。西欧で敵対的ジェスチャーである中指を立てる行為は、人差し指を立てる行為よりも強い敵意を感じさせる。

消費者を対象にした研究では、堅い木製の椅子に座っているより柔らかい椅子でくつろいでいるほうが、車の購入における交渉で柔軟な対応が見られた。

消費者がセールスメッセージにどれだけ注目し、記憶しているかには、ほんの些細な体勢が影響する場合もある。

ある研究では、情報を聞いている被験者が、頭を左に傾けている状況と右に傾けている状況について比較している。聞いている内容や記憶の正確さに違いは少ない、あるいはまったくないと思うかもしれないが、実際は違う。頭を右に傾けていたグループは、左に傾けていたグループにくらべて注意深く話を聞き、記憶も正確だったのだ。

また、コロンビア大学のダナ・カーニー博士の研究グループは、ランダムに選んだ謙虚な姿勢と高慢な姿勢の被験者を比較している。謙虚な姿勢の被験者は（図4・1）、立ったまま膝から下を組み、胸の前で腕を交差させるか、うなだれて椅子に座り膝の上で手をそろえる。

一方、高慢な姿勢の被験者は（図4・2）、テーブルの上に両手を広げて身を乗り出すか、頭の後ろで手を組んで椅子にもたれかかり、足をテーブルの上に投げ出す。

いずれのグループも同じ姿勢を60秒間続けた後、唾液を採取する。さらにギャンブルテストを行い、支配力の感じ方を聞いた。

すると高慢な姿勢のグループでは、ギャンブルにおけるリスク選好的な割合が86％、リスク回避的な割合が14％だったのに対して、謙虚な姿勢のグループでは、それぞれ60％、40％となった。「権力がある」「責任を持っている」と感じている割合も、高慢な姿勢グループのほうが圧

図4.1　謙虚な姿勢

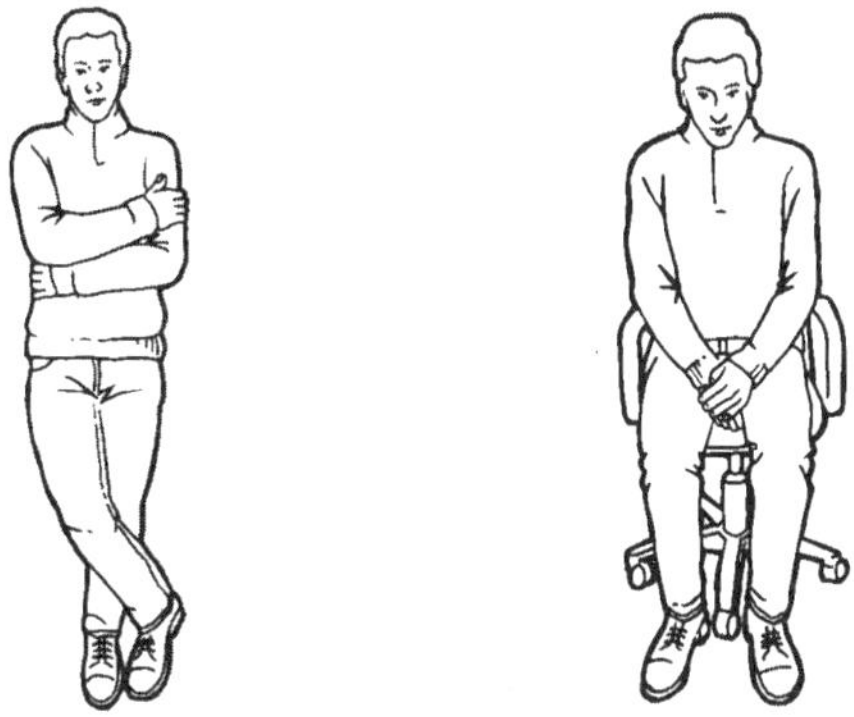

図4.2　高慢な姿勢

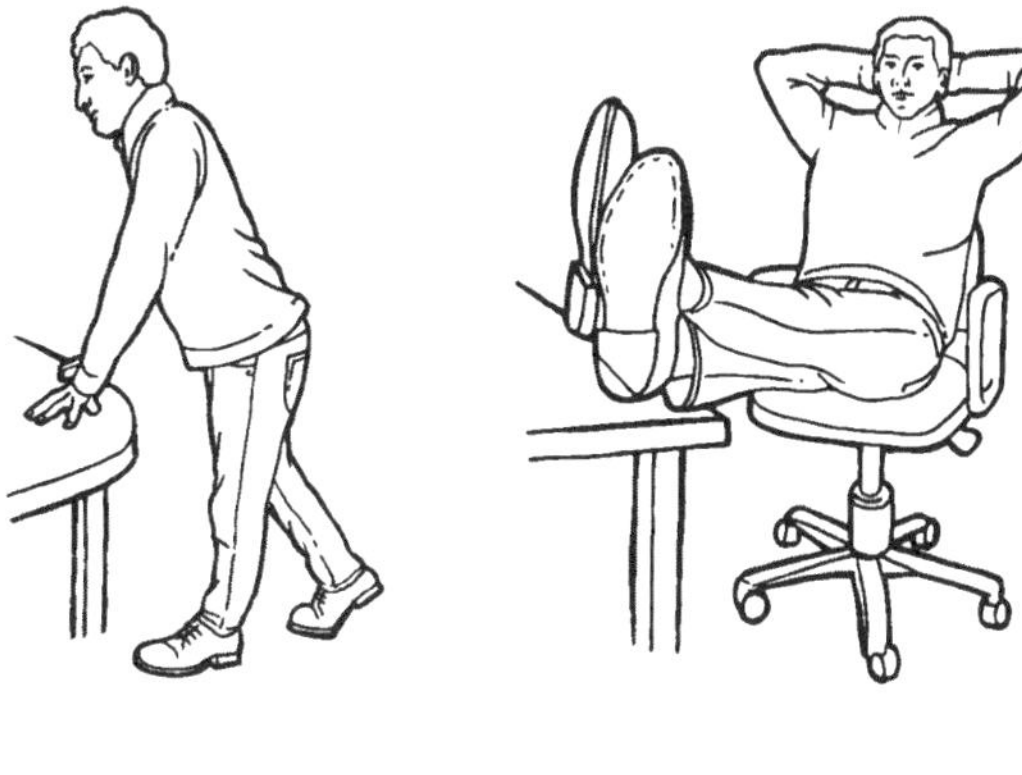

図 4.1、4.2
「短時間の非言語行動による神経内分泌レベルとリスク寛容性への影響」
ダナ・カーニー、エイミー・カディ、アンディー・ヤップより（許可を得て転載）

倒的に多く、唾液検査からは、支配性のホルモンであるテストステロンが高く、ストレスのホルモンであるコルチゾールが低いこともわかっている。

研究グループの分析によると、**そのような姿勢の違いによる簡単な操作だけでも、被験者の心理的、精神的、感情的状態は劇的に変化する。**特徴的なのは、相手の姿勢の違いを見ても同じ効果があらわれる点である。つまり、テレビCMの登場人物が高慢な姿勢であれば、断定的で強引に見える傾向がある。逆に謙虚な姿勢であれば、おそらく落ち着いた親しみやすい印象を与える。

どちらがふさわしいかは、もちろんメッセージの内容と広告の目的によって違う。重要なのは、そのような**非言語行動が、気づかれないうちに広告の伝わり方に強い影響を与える**点である。同様の状況は販売員にもあてはまる。来店客が、カウンターに手をついて前に乗り出している販売員を見ると、無意識に圧倒されて近寄りにくくなる。逆に謙虚な姿勢で立っていると、権限や責任がなく、商品知識も乏しいと無意識に見限られる。このように、ほんのわずかな態度の違いであっても、顧客の満足度や売上を左右する。

たったこれだけ？「買いたくなる」行動

うなずくだけで商品への好感度は上がる。

ヴュルツブルク大学のイェンス・フォスターは、定番商品をコンピュータ画面上で水平方向と垂直方向に移動させる実験を行っている。商品を目線で追うには、被験者は首を振る（水平方向に動く場合）か、うなずく（垂直方向に動く場合）必要がある。比較のために商品を動かさない場合も調べた結果、**うなずいた被験者は（商品は垂直方向の動き）商品に好感を持ち、購入する確率も高かったが、首を振った被験者は（商品は水平方向の動き）商品に対する評価が低く、購入しようとしなかった。**

うなずきによって無意識に好感を抱く理由は、幼少期にあると考えられている。一般的に赤ん坊は、母親からの母乳を探すときに頭を上下させ、飲み終わると頭を左右に振るとチャールズ・ダーウィンは指摘している。ほとんどの文化において、うなずきは賛成、首を振るのは反対の意思表示であるのは、そこに理由があるのかもしれない。

そうなると、**顧客が頻繁に「うなずくような演出」をすれば購買意欲が高まり、首を振るようにすれば、売上が低下する可能性が高くなる。**

腕の動きについてもおもしろい事実がわかっている。

商品を棚から取るときは腕を曲げ、戻すときは腕を伸ばす。自然な動作である。だが脳は頭の中だけにあるわけではないため、それらの単純な行動が、商品に対する感情に無意識のうちに大きく影響し、結果的に購入しようという思いも変化する。

腕の曲げ伸ばしを何千回も繰り返していると、**「腕を曲げる行動」は手に入れたいという願望、「腕を伸ばす行動」は拒絶と連動する**ようになる。たとえば魅力的な人に出会えば身近に引き寄せ（腕を曲げる行動）、苦手な人物は遠ざけようとする（腕を伸ばす行動）。

同様のことは所有物にもあてはまる。「手に入れたい」あるいは「それほど関心はない」ときの腕の曲げ伸ばしを日常生活で繰り返していると、それらの簡単な動作が無意識のうちに商品を所有する、所有しないという願望と連携するようになる。

つまり、**スーパーで買い物かごを持っている人（腕を曲げる行動）は、買い物カートを押している人（腕を伸ばす行動）にくらべて購入意欲が高い**といえる。また、自由に腕を動かして品定めできる人のほうが、高いところの商品を取るために腕を伸ばさなければならない人よりも購入する確率は高くなる。

実際にエラスムス大学経営大学院の准教授ブラム・ファン・デン・ベルフの研究グループは検証実験を行い、136人の被験者のうちカートを押しているよりも買い物かごを持っている人のほうが、便益をすぐに得られる商品（チョコレートなど）を買う確率が高かった。また、他人が腕を動かしている動作、伸ばしている動作を「見る」だけで、購入する、購入しないという行動につながっていた。


別の興味深い研究では、2種類のビデオを見ながら、女子大学生にスポーツドリンクの新商品を好きなだけ飲んでもらった。一方のビデオは腕を曲げている映像で、直立したままバーベルを腰から胸の位置に持ち上げる。もう一方は腕を伸ばしている映像で、横たわったまま胸の位置にあるバーベルを持ち上げる。結果は、予想どおり「腕を曲げている」映像を見た学生のほうが「腕を伸ばしている」映像を見た学生よりも「多くの」ドリンクを飲んでいた。

そうなるとテレビCMのわずかな動作でさえ、ほとんど認識されずに視聴者の商品評価に多大な影響を与える可能性がある。しかも任天堂やマイクロソフトは、消費者の身体動作を利用して脳をハッキングしているという議論もある。おそらく任天堂のWiiやマイクロソフトのKinect、プレイステーションムーブのような体を使って遊ぶゲームの大ヒットは、特定の動作によって前向きな感情につなげていることにもある。

ショッピングの「右側の法則」

私たちの体は、必ずどちらかに傾いている。利き手（多くは右手）があるために、どちらか一方に対処しやすいためだ。その影響から、**無意識に利き手側にプラスイメージを持ち、逆側にマイナスイメージを持つ**。大多数が右利きである状況を考えれば、右側は良い印象、左側は悪い印象になりやすい。

そのつながりには言語や文化の違いによる差がない。たとえば英語圏の場合、左利きの人たちはラテン語のsinistralと呼ばれ、その派生語がsinister（悪魔）である。ところが右利きの人たちは、dexterと呼ばれ、dexterous（器用な）へと派生している。また、上司から「out in left field」（完全に間違っている）、「have two left feet」（不器用である）と評価されると将来は危ういが、「right on target」（的確である）、「right-hand man」（右腕）といわれると近い将来昇進を期待できる。

ショッピングでも**左側より右側のディスプレイが好まれる**。その傾向を「**右側の法則**」と呼ぶ。ただし買い物客が右利き、左利きのいずれであるかによって法則は変わる。ある実験でページの右側と左側に印刷された簡単な説明文を読み、どちらを購入するか判断してもらったところ、右利きの人は右側、左利きの人は左側の商品を選ぶ傾向が見られた。

多くの小売店は、大多数が右利きであることを考慮して設計されている。新規顧客をはじめとする来店客が無意識に右周りに進んでいくのを防ぐため、動線には購入する確率の高い低価格商品を陳列する。すると買い物のスピードが遅くなり、多くの商品を見てもらえるようになるだけでなく利幅の大きい商品スペースに誘導できる。詳しいストアデザインについては、次の章で取り上げる。

「買いたい！」に影響する「流暢性」

なぜ右利き、左利きが、それほど脳に強い影響力を持つのかを解明するためには、**精神的**「**流暢性**」つまり、**入ってきた情報を理解する主観的な容易さや難しさ**を探らなければならない。

プリンストン大学のダニエル・オッペンハイマーは、次のように説明している。

> 流暢性というのはプロセスそのものではなく、どれぐらいプロセスを効率的あるいは容易

だと感じられるかである。たとえば流暢性が高いのは、見ている頻度が高いもの、最近見たもの、長期間見ていたものなどである。

次章で取り上げるが、脳は常にエネルギーを最大限効率的に利用しようとする。当然ながら、必要な時間や労力や思考が少ない活動のほうがエネルギー投入量は少なく、簡単に取り組める。ある株式に関する研究では、上場から数週間後、発音しにくい銘柄にくらべて発音しやすい銘柄のほうが高く評価されていた。その現象は投資家の購入判断に影響し、実質価値を押し上げるので競合他社より優位になる。

エール大学経営大学院のネイサン・ノーベムスキーらの研究では、パッケージに使われている字体が読みにくいなど「**商品を理解しにくい**」、「**商品を選ぶのに多くの条件を検討しなければならない**」**場合、商品を購入する確率は大幅に下がる**ことが実証されている。ほかに多数の選択肢があるとき、そのような商品が喜ばれず、避けられるケースが多いのは、流暢性の低さに原因がある。数えきれないほどのシャンプーや歯みがき粉を販売しているのは、顧客にメリットがあるように思えるかもしれないが、実際は逆である。消費者は慣れたブランド名から、状況を流暢に対処しようとするものである。

検証！　セックスの販売効果

性的魅力を利用して消費者行動を変えようとする戦略は、長年にわたって行われている。露出度の高い女性（まれに男性）が効果的だと思っている小売や広告の世界では、モーターショーや販促キャンペーンに当然のように採用している。

第8章で取り上げるように、それらの性的に興奮するイメージはサブリミナル効果に用いられ、無意識に影響を与えようとする場合もある。実際の男性の意思決定への影響については、マサチューセッツ工科大学のダン・アリエリーとカーネギーメロン大学のジョージ・レーベンシュタインが検証している。学界からの反論は少なくなかったはずだが、男子大学生に絶頂感直前までマスターベーションしながら質問に回答してもらい、興奮していない学生の回答と比較する。

実験結果から、性的興奮が、無防備な性行為などのハイリスクな性的判断につながるだけでなく、「セックスしたいという思いによって性的充足以外の目標を見失ってしまう一種の視野狭窄」を引き起こしていた。さらに被験者は「性的興奮によって本人の判断や行動に影響が生じている状態」をほとんど感じていなかった。

興奮していると判断や意思決定が変わる事実を認識していないとすれば、本人だけでなく社会に深刻な影響を与えかねないと2人は指摘している。そうなると、**わずかな性的興奮によって男性買い物客の衝動買いが増え、合理的な判断ができない可能性が高くなる。**女性もセミヌードやマッチョな男性モデルを見ると、同じような反応をするのだろうか？

その研究は私の知る限り行われていないが、女性より男性のほうが性的欲求は強く激しいと実証されている。したがって「少なくとも一般論として、性的欲求の比較的弱い女性は、性的興奮によって判断が左右されない（あるいはされにくい）」とアリエリーとレーベンシュタインは推論している。

これまでも性的魅力は巧みに利用され、実際に数々の成功例をあげてきた。カリフォルニア大学ハースビジネススクールのローラ・クレイの研究グループは、ビジネス交渉の場で真面目な態度の女性よりも、色っぽく迫る女性のほうが、男性には自信を持っているように思われると発表している。クレイの分析によると、「男性と違って女性は、強い印象を与えるか、温かい印象を与えるかのトレードオフに直面する。交渉の場で女性的魅力を利用するのは、それらを両立するテクニック」である。

クレイのグループは、いわゆる「女性的魅力」の効果を検証するために男性44人、女性49人に仮定のシナリオを読んでもらい、スーという女性に1200ドルの車を売却するシーンを想像してもらった。「魅力的」なパターンでは、スーは次のように行動する。

あいさつの握手をすると、スーは「お目にかかれて本当にうれしく思っています」と優しく微笑む。天気を話題におしゃべりをしているとコートを脱いで座り、視線を上下に動かした後、前に乗り出してあなたの腕にふれながら「メールでのやり取りよりずっとチャーミングね」とつぶやく。そして、ふざけたようにウインクしながら「ご希望はおいくら？」と聞いてくる。

もうひとつの「自然な」パターンのスーは、ふざけた様子はほとんどなく、かなりビジネスライクである。

あいさつの握手をすると、スーは「お会いできて光栄です」と笑顔を見せる。天気を話題におしゃべりをしているとコートを脱いで座り、まっすぐに目を見ながら「あなたとの商談を楽しみにしておりました。うまく成立すれば幸いです。ではさっそく始めましょう」

と進める。そして、真剣な表情で「ご希望の価格は？」と聞いてくる。

売り手が男性の場合、挑発的なスーへの平均売却価格はわずか1077ドル、最高価格は1279ドルとなった。だが売り手が女性の場合、おそらく予想できると思うが、挑発は何の効果もない。検証での売却価格は、真剣なスーには1189ドル、挑発的なスーには1205ドルというわずかな違いになった。

「肝要なのは、本来の性格で口説くことである。うそがなく話がはずめば自信につながり、交渉も必ず成功するはず」ともクレイは助言している。

また、個人的スペースへ意図的に侵入することによって、女性顧客の満足度が高まり、リピーター客が増える可能性がある。男女を問わず販売員が、**女性への接客中に偶然を装って軽く手を触れると、購入に前向きになるだけでなく、店の評価も高くなる。**

1976年に有名な検証実験も行われている。コネチカット大学のジェフリー・フィッシャーのグループが大学の図書館員に協力してもらい、一部の学生の手に軽く触れながら本を渡してもらった。すると手を触れられた女子学生は、そのことを意識していなかったが、図書館のサービスをきわめて高く評価した。ただし、男子学生の評価は分かれた。

ただし、この研究がアメリカで実施されたことも注意しておかなければならない。身体的接触に対する文化が違う国で行えば、まったく異なる結果になるだろう。

「人生の筋書き」はコントロールされている!?

これまで哲学者や科学者は、比喩を使って脳について説明しようとしてきた。17世紀のフランスの数学者、哲学者であるルネ・デカルトは、複雑な噴水のように水圧で制御された機械のようなものと説明した。イメージは、脳の中のくぼみに液体が蓄えられており、そこに神経チューブがつながっていて筋肉が動く状態である。1940年代には、当時何よりも複雑な技術を要した電話交換機、1960年代初期には、普及しはじめようとしていたデジタルコンピュータにたとえられるようになった。

現在、その見解には脳科学者からの異論が増えつつある。本章でも説明したように、私たちの考えや感情は、単に聞くもの、見るものによって生まれるわけではない。「**身体化された認知モデル**」では、身体など脳が機能する環境、つまり脳が存在する人体、文化、社会、家族などの要件が、精神面に強く影響すると考えられている。

そのことは当然ニューロマーケティングにおいても重要な要件になる。顧客の思考や感情を包括的に理解しようと思えば、脳だけでなく身体の機能についても考慮しなければならない。つまり、私たちがどのような人生を歩むのかは、親や兄弟姉妹、親戚、友人、隣人、教師、牧師とともに広告、マーケティング、小売、PR、メディアなど、消費者の説得に関わる多種多様な業界全体によって決められようとしている。

次章では、ショッピングしている脳についての解明が進み、消費者の日常生活を支配して利益につなげることが簡単になっている実情について説明したい。

第5章

「買い物をする脳」の中身

「脳に必要なコストは5時間で約1ペニーなので、1日使っても5セント硬貨でおつりがくる。まさに効率的な機械である！」

――リード・モンタギュー

数百万年にわたる進化によって微調整されてきた脳は、あらゆる状況に迅速かつ効果的に対応する。しかも必要なエネルギーは、平均的な家庭用電球の3分の1にすぎない。

そんなわずかなエネルギーで20を超える感覚が察知する毎秒数十億バイトのデータを解析し*、判断や意思決定、問題解決や計画遂行、夢や感情の創造、周りの環境の把握を行っている。しかも血流や血圧を調節し、血液成分をチェックし、呼吸のスピードや深さをコントロールし、消化状況を管理し（第4章で紹介した第二の脳の協力）、バランスを維持して、642対の骨格筋で外の世界に対処する。

［＊ここには一般的な五感である視覚、聴覚、味覚、触覚、嗅覚だけでなく、温度感覚も含まれている。暖かさと冷たさの感覚がひとつの感覚とされていないのは、暖かさと冷たさの検知機能が異なり、脳には第三の温度感覚が備わっていて、体内温度を検知しているからである。ほかにも人体部位の相対的な位置を検知する深部感覚、筋肉の緊張を検知する緊張感覚、痛さを検知する痛覚、平衡感覚、肺や膀胱、胃、消化管の伸張受容体、血液中のホルモンや薬物を検知する化学受容体、磁場を感知する磁覚などがある。それらすべては、空腹やのどの渇きについての警告も発する］

人間の脳と世界最高性能のコンピュータの比較になれば、勝敗は明らかである。脳の処理速度は秒速2・2ペタフロップス（1ペタフロップ＝1秒あたり1000兆回の実数計算）、使用エネルギー20ワット、大きさは平均的な靴箱程度なのに対して、IBM製スーパーコンピュータのセコイアは、処理速度16・325ペタフロップス、使用電力7・9メガワット、大きさは大型冷蔵庫並みである。驚くほど効率的に処理を行う人間の脳では、思考プロセスが主に3種類に自動化されており、それらは買い物の仕方にもあてはまる。

第1は「**無意識の購入判断**」、第2は「**カテゴリー化**」、第3はスピーディーながら簡単な思考ルールを持つという、いわゆる「**経験則に基づく判断**」である。本章では、それらが買い物にどのような影響を与えるのか、なぜ消費者は外部からの影響やセールストークに弱いのか、探っていきたい。

37歳の社内弁護士であるクリスのショッピングは理性的で、高額商品はいつも時間をかけて真剣に考えてから購入する。

インターネットで価格を比較し、品質を確認し、いくつもの店をチェックするため、通常は購入を検討しはじめてから購入するまでに約3週間かかる。しかし決断後は、賢明で的確な判断をしたと確信している。

しかし、多くの人の場合、クリスのように理性的で論理的かつ慎重な判断をすることは少なく、ほとんどは直感と衝動で買い物をしている。

27歳のスティービーは、その典型である。気に入った商品を見つけると、すぐに欲しくなる。見て、欲しくなって、買う、すぐに「後悔する」かもしれないというのがショッピングのパターンになっている。購入するものを探しているとき、クリスは冷静かつ客観的なのに対して、スティービーは興奮する。「どうしても欲しい」商品を見つけたときの生理的な反応を調べると、心拍数や皮膚伝導が急激に高まっている。その状態は購入するまで続くが、ほとんどがオンライン・ショップや店頭で商品を見つけてから10分もたっていない。

だが、クリスのように思慮深く慎重な買い物をする人物は、最初の興奮はかなり低く、購入のための調査や比較を始めると急速に低下していく。その結果、買い物結果に対する満足度は比較的高いが、費やす時間と精神的エネルギーは衝動買いをする人物よりかなり多い。また、感情を交えず論理的に購入の是非を考え、商品の価値を計算するので、購入した理由や動機も説明できる。逆に衝動買いする人物の多くは、購入までの経緯を説明できない。

脳画像を調べてみると、**理性的な買い物の判断は主に「大脳皮質」**で行われている。脳の表面を覆う、神経細胞の灰白色の薄い層である。一方、**衝動買いの判断は、大脳皮質と脳幹の間にある「大脳辺縁系」という脳の深部**で行われる。発生系統的に古い脳内部位であり、感情が生まれるとともに、感覚や筋肉、循環系、消化系、免疫系からのデータを視床と呼ばれる部分で処理する。それらが記憶と融合されて感情になり、言葉や行動にあらわれる。

RとI
——意思決定のデュアルプロセス

次の質問にできるだけ早く回答してもらいたい。

・コカ・コーラの略称は？
・カエルの鳴き声は？
・コメディアンのおもしろい話を何と言う？
・卵の白い部分を何と呼ぶ？

すぐにコーク、クローク（英語のカエルの鳴き声）、ジョーク、ヨーク（英語の卵黄）と答えるはずだ。あなたも同じかもしれない。だが最後は間違いだ。この言葉だましから、私たちの思考の大半が自動的に素早く行われ、意識していないところで起こっていることがわかる。最後の問題に引っかかった人も、冷静に考えれば正しく答えられたはずだ。

19世紀のドイツの哲学者アルトゥル・ショーペンハウアーは、次のように説明している。

私たちの思考の半分は、無意識に行われていると信じているかもしれない。私自身も理論や実務的問題の思考で体験しており、問題を忘れていた数日後に解決策がふと頭に浮かぶ。無意識の反芻が起こっているのである。

この鋭い指摘は、日常的思考は無意識に行っているという脳科学の代表的研究成果とも一致している。多くの日常行動も、おそらく大半は立ち止まって考えず、自動的に頭を使わずに行っており、慎重に熟慮しているわけではない。

1975年に、マイケル・ポスナーとC・R・R・スナイダーという2人の心理学者が、デュアルプロセス思考について研究を始め、**瞬時の無意識の思考を**「**自動的処理**」(automatic activation)*、**時間をかけた内省的思考を**「**意識的処理**」(conscious processing)と名づけている。本書では2種類の思考を「**システムⅠ**《アイ》」(衝動的のimpulsiveから)、「**システムR**《アール》」(内省的のreflective

から）と呼ぶことにする。

〔＊ほかにも「連想、ルールに基づく」、「インプットモジュール、高次認知」、「明示的、暗示的」、「衝動的、内省的」と区分される場合もある。中立的なイメージの「システム1、システム2」という表現が使われることも多い〕

無意識のシステムI思考は、ほかの動物にも見られる。独立したサブシステムで構成され、関連づけを行い、カテゴリー分けをして、さまざまな出来事、人物、行動、状況を区分していく。ネーミングのとおり迅速で、エネルギー効率がよく、常に起動している状態である。きわめて単純で間違いやすいという特性もある。

次に意識的なシステムR思考は、理性的かつ論理的で疑い深い。自問自答を繰り返し、システムI思考に基づく言葉や行動を懸命に制御しようとするが、あまりうまくいかない。時間のかかる分析的思考なので処理能力は遅く、記憶に大きく依存し、エネルギーも大量に消費する。しかし、人間独自の思考プロセスであり、そこに意思決定や問題解決の心理プロセスが潜んでいる。

ノーベル賞を受賞した心理学者ダニエル・カーネマンが著書『ファスト&スロー』で指摘しているように、システムRに基づく多様な心の動きには、注意力が求められ、注意力が低下すると中断するという2点の共通点がある。

「注意を払う」というのは的確な表現である。人は限られた「注意予算」を数々の活動に割り当てて使い、予算をオーバーしそうになると失敗する。労力を要する活動は互いが障害になるため、複数活動の同時進行は簡単ではなかったり、不可能だったりする。

システムIとシステムRには連携や対立があり、一体化する事例もある。衝動的に生まれたアイデアをじっくりと慎重に考えたり、慎重に考えた成果だと思っていたものが、調べてみると衝動的な発想に基づいていたりする。

それら2種類の思考は、2種類の呼吸法にたとえられる。通常の呼吸は、思考と同様に自動的に労力なく行われている。あばら骨が拡大、収縮し、横隔膜が上下して肺が空気を吸い込んだり、吐き出したりする。生命維持に欠かせない行動だと自覚する必要はない。ところが、いつでも簡単に呼吸を意識的に制御できる方法も持ち合わせていて、深さ、息づかい、長さ、粗さ、スピード、質を変えられる。

思考も同様に、普段は無意識で自動的に行っているが、自分で制御しようと思えばいつでも特定の道筋をつけられる。そのために理論的、論理的、創造的といった最適な思考法を選ぶ。

選択を左右する2つの思考と2つの記憶

ショッピングのときの選択は、２種類の記憶に左右される。この研究領域の先駆けでありながら、ほとんど世に知られていないのがフランスの哲学者フランソワ＝ピエール＝ゴンティエ・メーヌ・ド・ビランである。

１７６６年、ベルジュラック生まれのメーヌ・ド・ビランは、意識的な記憶と無意識な記憶を区分し、**暗示的で「感知している記憶」が感情に影響し、明示的で「習慣的に覚えている記憶」が肉体的動作を左右する**と考えていた。その後、数多くの研究が重ねられ、本人が自覚していなくても記憶できることや、意識的に思い出せない記憶さえも行動に多大な影響を与えることが明らかにされてきた。

明示的記憶というのは、具体的に説明できる内容であり、なぜ特定のブランドや商品を選んだのかを説明するときに思い出す記憶である。それに対して暗示的記憶は、きわめて変化しやすく曖昧なケースが多い。記憶についての質問の順番や方法や表現が変われば、回答がまったく異なる可能性もある。

明示的記憶は信頼できず、時間がたてば変化し、作り話の可能性も高く、記憶の相違をなくして矛盾のない体験談を仕上げるための創作になりがちなこともわかっている。

一方、暗示的記憶は潜在的なもので、言葉にはあらわせず、行動への影響として間接的にしか確認できない。


スーパーでどのブランドを選ぶか、どのような購買行動をするかを決めるのは、主に暗示的記憶である。そのためニューロマーケティングでは、無意識の重層的記憶を解析し、消費者のブランドや商品に対する本当の思い、ショッピングそのものに対する考え方を把握しなければならない。システムI思考が心理や社会生活を決定づけているという立場の心理学者のジョン・バルグは、ガリレオが地球を宇宙の中心という特権的位置づけから動かしたように、意識がすべてを支配しているという発想をやめなければならないと主張している。

脳は「パターン」を求める

図5・1には、何が描かれているだろう？

初めて見た人には、おそらく白黒の斑点にしか見えない。見たことのある人や、次の説明を読んだ人は、そうは見えなくなる。絵の右下にヒョウが描かれているのである。

私たちの脳は、巨大並列プロセッサ構造であり、互いにつながっている膨大な数の神経回路を持っているので、**パターン認識能力**がきわめて高い。物、言葉、出来事、画像パターン、多彩なアイデアそれぞれを結びつけられる強みがある。それには「**カテゴリー化**」のプロセスも関係し、簡単に直感的かつ継続的に知覚データを意味のある表現に変換し、記憶のなかの小さな「箱」に整理してある。

図5.1

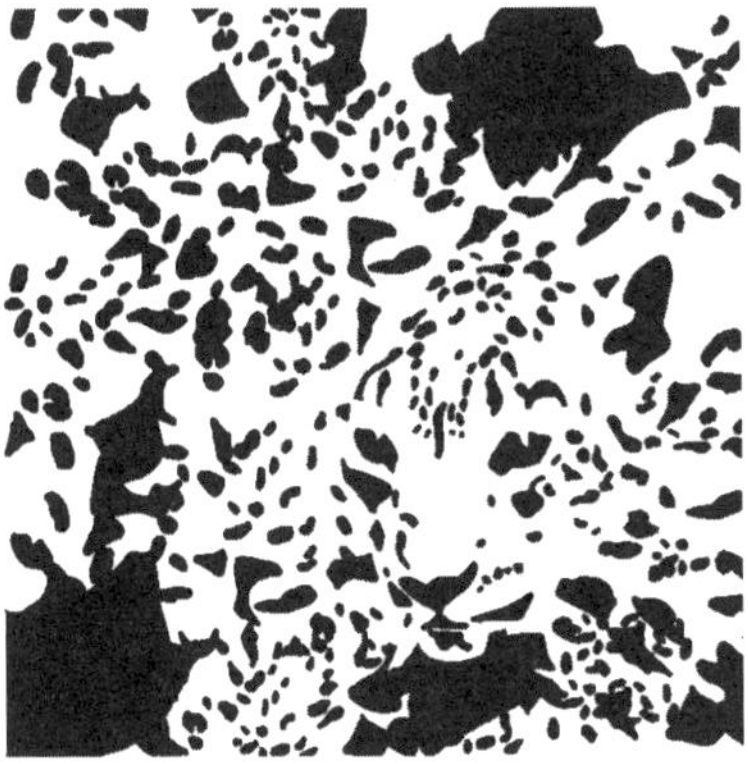

ハーバード・メディカルスクールのリサ・フェルドマン・バレットは「カテゴリー化は彫刻刀のような機能であり、知覚世界を区分し、一部の特性を浮かび上がらせて残りは排除する。何かを意味のあるものに変える作業である」と説明している。
その結果、新たな経験や人物、商品の位置づけができ、全体像を理解しやすくなるが、外部からの影

響にさらされる危険も生じる。脳がパターンを求め、パターンの整合性を探ろうとする特性が、出来事と出来事の間の存在しない因果関係を見つけようとする傾向につながってしまうのである。

ある研究で、同じ女子学生を、一方は明らかに裕福な高級住宅街で撮影し、もう一方は貧困層の居住エリアで撮影し、被験者に短時間見せた。

被験者には、少女が受けたテストの成績も渡され、正答数は全体の半分に設定されている。そのうえで少女の学力を予想してもらったところ、写真については何の説明もしなかったにもかかわらず、高級住宅街で撮影した写真を見たグループは、直感的に平均以上の成績で将来は明るいと評価した。また、貧困層エリアで撮影した写真を見たグループは、平均以下の成績で将来成功する可能性は低いと判断した。

ショッピングでは、そのような思い込みの相関関係による影響が大きい。だからこそ100年以上にわたって広告やマーケティングが行われてきたのである。たとえば消費者は有名なスポーツ選手がPRしているスポーツドリンクを好きになり、有名人の広告に魅かれて高額なルイ・ヴィトンのバッグを購入しようとする。

広告関係者はそのような手法によって、消費者が意識していなくても、商品を買えば同じように成功できると信じ込むことをわかっている。カテゴリー化によって消費者は、なじみのないものを身近に感じ、自分の行動をコントロールできているという思い込みが強まるだけでなく、不安やストレスを軽減できる。しかも選択がスピーディーで簡単になる。

たった1語が「健康的な食品」か「無駄な間食」かを分ける

ただし、すべてのカテゴリーには対極があり、無意識であっても反対の概念を必ずイメージしている点を理解しておかなければならない。

たとえば、「健康的」というイメージグループがあれば、自分にとってよいと思うものは自動的にそこに区分されていく。ということは、意識していなくても「健康的でない」というイメージグループも存在する。そのためメーカーやマーケティングや広告関係者、販売担当者が、自社商品を「健康的」なカテゴリーに区分するように仕向けるのは、それほど困難ではない。

言葉やイメージによって消費者の選択がどのように変化するかを検証するため、同じように作った低脂肪（ローファット）キャロットケーキのラベルを変えてみた。ただし虚偽記載はない。一方のラベルには美しい田舎風景の写真をデザインし、さりげなく健康によいことをイメージして次のように書いてある。

ローファットキャロットケーキ
オーガニックのキャロットケーキで健康的な食生活を楽しみましょう。フレッシュなにんじんをすりおろし、太陽の光を浴びて育った干しブドウと風味のよいピーカンナッツ、さわやかなスパイスと新鮮な卵を加えました。１００ｇあたり３７０カロリー

もう一方は、ローファットな特性は伝えず、おいしさを強調している。

素朴ながら絶妙なおいしさ。ボリュームのあるキャロットケーキです。ブラウンシュガー、卵、ピーカンナッツで優しい味に仕上げ、ソフトチーズとシュガーでコーティングしました。１００ｇあたり３７０カロリー

カロリーは同じだが、最初の説明はケーキを「ヘルシーな食べ物」に分類しやすくし、次の説明は「楽しみな食べ物」に分類するように仕向けている。

検証結果は興味深く、**ローファットを強調した文章を読んだ被験者のほうが、ケーキを食べ**

た量が40％多かった。なぜだろう？　ケーキをヘルシーな食べ物に分類したため、カロリー量が明示されているにもかかわらず、罪悪感なく存分に食べられると感じてしまったのである。

じつは、「**健康的な食生活**」というフレーズが、具体的な説明をしていないが（何にくらべて健康的なのか？）、カロリー摂取を抑えられる感覚を与え、結果的に食べる量を増やせるようにしている。

ロンドンビジネススクールのイーナ・イネシーは、次のように分析している。

権限と選択は、人間の行動を決める重要な2つの要件である。権力を持つこと、すなわち社会の価値ある資源や他者を管理できる状況は、個人の意思決定や行動力、目標への集中力、他者からの説得や既存の基準にあわせた行動への抵抗に影響を与えると実証されている。同じように選択肢があること、つまり好きな行動を選べる状況は、前向きな感情や満足感、職務への粘り強さや認知能力の向上など、深く心理面に影響する。

日常の出来事を思いどおりにしたいという根源的欲求は、自覚しているケースは少ないが、消費のあらゆる局面で強く作用する。そこで店頭でもオンラインでも、メーカーや販売業者は、買い物の主導権を消費者が握っている、少なくとも消費者がそう感じるようにしている。

第2章で説明した「流暢性」を消費者に感じてもらうためにも、**ショッピングでは自分が主導権を持っているという感覚が不可欠**である。

売上や満足度の向上を図るには、顧客がリラックスしながらワクワクし、冷静ながら強い関心を持ち、注意散漫ではなく集中しているように仕向けなければならない。それらの理想的な精神的、肉体的状況は（最新技術で簡単に調べられるが）、いらだちや怒り、欲求不満や悲しみ、自分には問題があるという感覚などマイナス感情にきわめて影響されやすく、なかでもストレスと不安感は禁物である。

ストレス解消としてのショッピングの実態

ショッピングに「行く」のは、ショッピングを「する」のと違い、ただ商品を購入するだけではない。権力や支配力も手に入れている。

現金やクレジットカードを持って店にいると、おそらく最高に人生を支配している感覚になる。自分が自由に購入する商品を選択していると感じ、多くが思い込みにすぎないが、何を買うか、どの店に行くか、どのディスプレイを見るか、どれだけの時間をかけるか、いつ帰るか、客観的に判断していると信じている。何度もショッピングに出かけるのは、そのような権力や支配力への陶酔感である。

だが、買い物客の主体性の感覚は、多くが「幻想」である。

次章で取り上げるが、現在の小売シーンでは、**買い物客のほぼすべての行動、判断は隠密に公衆の面前で仕組まれている**。マジシャンがカードを観客に自由に選ばせるように見せて「特定の選択をするよう仕向けられる」ように、広告やマーケティング、小売の現場では、たとえ押しつけていても、消費者が支配権を持っているように感じさせる。

消費者の支配権が危うい場面で、小売側がそれに気づいていないと深刻な事態になる。たとえば消費者は、見慣れない商品なので既存のカテゴリーに区分できないものや、知識はあるが期待していたものと相違点のある商品に出会うと、主体性の感覚を持てない。スーパーが厳密に区分した色や形やサイズにあわないフルーツを扱いたがらないと批判を受けるのは、確かに無駄なのだが、**簡単にカテゴリー区分できない商品を受け入れたがらない**消費者の存在を把握しているからである。カテゴリー化の基準になる特性が限られていれば、買い物客は主体性を失いたくないので、規格外の商品を受け入れない可能性が高くなる。

消費者の主体性の感覚にダメージを与えるもうひとつの要因は、ほんのわずかでも必要以上に並ばせる行為である。会計に時間がかかったり、係員のサポートが必要になったりすると、買い物客が嫌う「無力感」を引き起こしてしまう。買い物客は、その感覚を意識していないかもしれないが、購買行動や気分、満足度に間違いなく影響する。

オンラインとオフラインによる違いもある。

アマゾンの大躍進の背景には、できるだけ早く、簡単に、直感的に取引できる仕組みがある。その成果は周知の事実である。1995年の創業後、2年で100万冊の書籍を販売し、その後の6カ月で200万冊を達成、6年もたたないうちにオンラインでのビジネス成功の可能性を実証した。経営陣は「パーソナライゼーション」（個々人向けにカスタマイズすること）による売上への影響について話したがらないが、成功の鍵であることは認めている。

「ワンクリック」ショッピングの誕生によって、顧客はきわめて短時間で取引を完了でき、オンライン・ショッピングにおける主体性の大切さも証明された。

多彩な選択肢の提供も、きわめて重要だと認識されているが、顧客が意思決定に多大な労力を要する結果になれば逆効果である。無意識の自動操縦のようなショッピングができなくなり、理性的で意識的な思考プロセスに戻らざるを得なくなる。

購買の選択を左右する「ショッピングの経験則」

脳はエネルギーを消費しないために、無意識に経験則も活用する。

経験則のなかには遺伝的に脳に組み込まれ、先祖が生き残るために習得したものもある。人類が東アフリカのサバンナで進化していた当時、生死に関わる身体的脅威が数多くあったため、脳が瞬時に判断できるようになったのである。「驚愕反応」はその事例であり、リラックス状態から、すぐに最大限の警戒状態に移行できる。茂みの陰に危険が潜んでいる状況では、その反応が生死を分ける可能性もある。結果的に人類の意思決定の法則は、すべてとはいわないが多くの場合、迅速、簡単、効率的なものとなった。

経験則は広く行き渡り、常識のようになっているが、間違いにつながる危険もある。たとえばコインを30回投げてすべて表が出れば、次に裏が出る確率は、最初より高いと思いがちである。もちろん実際の確率は（公正なコインを公正に投げれば）、何百回投げても最初と同じ50％である。長期的には常にカジノが勝ち、プレーヤーが負けるのは、その「ギャンブラーの誤り」が原因である。

ダニエル・カーネマンとエイモス・トベルスキーによると、経験則を頼りにしがちなのは、**検討すべき情報が多く、不確実性が高く、時間が限られている場合**である。そのため現在のように**変化の激しい社会では、経験則が消費者の選択を大きく左右する。**

消費者の意思決定でよく用いられる6種類の経験則を紹介しよう。

ショッピングの経験則1：暖かければ安全

赤ん坊が生き延びるには、食べ物、暖かさ、快適さ、安全が必要である。通常は母親にくっついていれば満たされるニーズであるため、関連づけが生じて「母親のそばにいれば暖かく、暖かければ安全」「母親から離れると冷たく、冷たければ危険」という経験則が生まれた。さらに成長するにしたがって、次のように変化する。

- 暖かければ安全。安全であればリラックスできる
- 冷たければ危険。危険であれば緊張する

5歳になると、暖かさと社会との一体感、冷たさと孤独の結びつきが強固になり、精神的感覚と身体的感覚の区別がつきにくくなる。たとえば言葉を選ぶとき、ある人物に「温情」を持つ、嫌いな人は「冷遇」する、「冷酷」な人には「冷淡」に対応すると表現する。逆に好みの人物は、「温厚」な人物と評して「暖かく」迎える。「燃えるような」野心を持って就職しても、仲間のせいで「冷淡」になってしまう。それらの表現は英語に限らず、フランス語、イタリア語、ドイツ語にも見られる。

暖かさ、親密さ、安全性の心理的つながりは、あらゆる言語表現にあらわれており、他者に対する評価は、心理的なぬくもりとともに身体的な暖かさが基準になっていることもわかっている。つまり、初対面の場所が寒い部屋より暖かい部屋のほうが、好感を持ちやすい。短時間暖かい飲み物を持つだけでも、他人同士がすぐに親しくなれる。

多額の費用を投じて快適な気温を維持している店舗は、顧客が冷静に穏やかな気分でありながら意欲的になり、ショッピングに前向きな身体的暖かさも確保できるので、利益を上げられる。ショッピング中の温度と湿度の重要性については、次章で取り上げる。

最後に指摘しておきたいのは、グループ意識は身体的暖かさを感じさせ、逆に疎外感は寒さにつながる事実である。そのため流行を追いかけ、特定のブランドが魅力的に思える。本人が気に入っているグループと一体化し、受け入れられたいと思い、本人自身がブランドや広告塔になるのだ。第2章で取り上げたバーゲンに身体的興奮を覚えるのは、手頃な価格で特別なグループに加入できる感覚が一因でもある。

ショッピングの経験則2：習慣による買い物

習慣はショッピングに大きく影響する。多くの人は決まった店で定期的に買い物をするので、**ディスプレイの変更や売り場の移動を好まない。購入する商品も決まったものを選び、別の商品に変えるのは強い抵抗感を覚える。**

ここでも認識ルールに経験則が活かされ、情報処理を簡単に、スムーズにしようとしている。ネイサン・ノーベムスキーの字体の違いによる比較研究と同様に、見慣れた商品と見慣れない商品があると、前者のほうがニーズにふさわしいと認識する。たとえば、いつも購入している洗剤の隣に店のオリジナル商品が並んでいると、即座に認識できるブランドを買い物かごに入れ、低価格高品質でも買い慣れない商品は買おうとも思わない、あるいはおそらく見もしない。このルールは、システムI思考が自動的に起動している状態であり、習慣に基づく買い物は、見知らぬ商品のメリットやデメリットを論理的に比較するよりも大幅に消費エネルギーを減らせる。商品を理解し、評価するのに必要な精神的エネルギーが少なければ、それだけ購入確率は高くなる。

視聴者をいらだたせるようにブランド名を繰り返すテレビCMが、売上向上に効果的なのはそのためである。音の繰り返しも同様の効果があり、「耳に残る音楽や歌」が脳への道筋をつけて、追い払われにくくしている。

ショッピングの経験則3：猿まね——他人と同じことをする

簡単にいえば、「他人の行動を見て、同じように行動すること」である。人間の本能的行動であり、**他人から受け入れられ、標準的だと評価されたいという願望が動機**になっている。

私たちは生まれて間もない頃から、社会的グループの一員としての立場を明確にしようとする。最初は家族のなかで注目してもらい、認めてもらうために、微笑む、笑う、泣く、かんしゃくを起こすというテクニックを身につける。成長するにつれて関わりを持つグループは、先生や仲間、職場の雇用主や同僚、友人や隣人へと拡大し、周囲と同類でありたいと望むようになる。「猿まね」、つまり他者と同じことをするという経験則から、流行を追い、最新ファッションを身につけようともする。他人と歩調をあわせておけば、単独行動するよりも強靭な気持ちになり、自信も持てるのである。

そのような行動は**ストレスや不安を軽減し、消費意欲を強めると同時に、安心感からリスクの高い意思決定につながりやすい**。しかも「集団思考」の心理が助長され、行動に対する本人の責任を放棄するばかりか、**「正しいこと」をしているという確信が強まる。**

スタンフォード大学の組織行動研究所のスコット・ウィルターマスとチップ・ヒースは、できるだけ他者と同じでいたい、という同調性に関係する文化的慣習が人気を集める理由を探るため、被験者に同調性を高める活動に参加してもらった。具体的にはキャンパス内を一緒に歩いてもらい、手拍子にあわせて合唱してもらった。また別のグループには、他者と同調せず同じ行動をしてもらうために、キャンパス内を散策してもらい、静かに音楽を聴いてもらった。その結果、同調したグループのほうがうまく協力できるようになり、考え方が近くなった。ウィルターマスは、次のように分析している。

他者と調子をあわせて行動するときに起こる身体的同調性は、前向きな感情を生み、本人とグループとの隔たりを小さくし、「集合的沸騰」の感覚につながってグループの結束を強固なものにする。

広告やマーケティング、小売の世界では、「他者と同調する」という経験則は重要な意味を持つ。もし消費者の多くが商品を購入する、本を読む、映画を観る、音楽をダウンロードする、芝居を見る、ツイッターをフォローする、フェイスブックのお気に入りに登録するよう説得されれば、少なくとも説得されているように感じれば、さらに多くが追随する。

だが、そこには巧妙な罠がある。商品を購入して使用している人たちは、仲間から「同類」と見なされるので、「不適切な」人たちが商品を使用していると思われれば、売上に響く。高級ブランドのマネジャーたちは、ターゲット層への販売のために広告メディアや販売場所を選んでおり、「同類」としてふさわしくないと見なされるような人たちが購入しないように策を講じている。

ショッピングの経験則4：アンカリング

1970年代の終わりにダニエル・カーネマンとエイモス・トベルスキーは、「アンカリング」という経験則を見つけ出している。アンカリングは、提示された特定の数値や情報が基準点（アンカー）となり、判断に影響を及ぼすことである。

仕組みを理解するために、友人たちと単純だが興味深い実験を行ってみよう。メンバーの半数には1から8までを昇順に掛けてもらい（1×2×3×4×…）、残り半数には逆に降順に掛けてもらう（8×7×6×5…）。ただし制限時間はわずか5秒である。

それだけの時間しかなければ、いずれのグループも答えを推測する。すると興味深いことに、順に掛けたグループのほうが大幅に小さな数になる傾向がある。ある研究では昇順グループが平均５１２、降順グループが平均２２５０という結果になっている。正解は（いずれも）４万３２０である。

なぜ、それほどの違いが生まれるのだろうか？　原因は「アンカリングの法則」にある。わずかな時間で答えを求められると推測しなければならないが、最初のいくかの計算は明らかに昇順（１×２×３＝６）のほうが降順（８×７×６＝３３６）より少ない。そのため昇順の推計のほうが降順の推計よりも小さくなる。

お店では、アンカリングの法則を「かくれた説得者」として取り入れ、消費者に価値ある商品を提供していると思わせている。たとえば、「目玉商品」や「価値の知られたアイテム（ＫＶＩ＝Known Value Items）」として牛乳、パン、バナナなどの食料品や定番商品を利用する。購入頻度が高く、価格にきわめて敏感なそれらの商品は、「集客商品」とも呼ばれる。

平均的な消費者は、あまり価格を意識していないが、日常的に購入する商品の価格には詳しく、他店との比較もできる場合が多い。そこで**指標となるＫＶＩの価格を意図的に低く設定し、ほぼ原価あるいは原価以下で販売してアンカリングの役割を持たせ、すべての商品がお値打ち価格であると思わせる。**そうすれば消費者は、店側が顧客本位で生活費の節約に取り組んでくれていると思い込む。

ショッピングの経験則5：利用可能性《アベイラビリティ》

一般的な購入判断は、**消費者が商品や商品関連情報をどれだけ入手しやすいかで決まる。**というのも消費者は、思い浮かびやすいものは重要性や深刻度が高いと信じている。そのため営業担当者は、既存顧客への売り込みが一番簡単だと考える。ブランド名を思い出してもらいやすければ、商品を選んでもらいやすいだけでなく、評価や価値も高くなりやすい。

私たちのような社会的動物は、物語、なかでも強く感情に訴えるものに対して反応するようにできている。したがって商品の感動的なストーリーを作り上げ、思い出しやすいフレーズにすれば、消費者の心に簡単に届きやすい。広告には、その効果をねらった事例が少なくない。

ショッピングの経験則6：費やした努力

7時間かけて稼いだ1万円を使うのと、だれかにもらった1万円を使うのは違うだろうか？一般的に、苦労して稼いだ資金は賢明に使い、労せずして手に入れた臨時収入は自由に日常のショッピングに使おうとすることがわかっている。

本章の最初にも説明したように、日常的にじっくり考えて買い物をする人もいるが、ほとんどは時間や手間をかけない。また、車やカメラやコンピュータの購入時、専門知識を持っている顧客もいるが、多くは比較的知識が乏しい。石鹸や歯みがき粉のブランドを比較評価できるほど化学的知識があるとか、加工食品の違いがわかるほど食品知識があるのは、限られた人たちである。そのためほとんどの買い物客は、費やした労力の法則や、これまで説明してきたような経験則に基づいて選択するしかない。

次章では、さまざまな無意識の思考ルールを巧みに利用して、買い物客の滞在時間を延ばし、支出額の増加に結びつけている仕組みについて説明しよう。

第6章

売り場が醸し出す「雰囲気」の説得パワー

「顧客は、常に価格以上のものを手に入れている。商品やサービスには経験がつきものなのだから」

――ルー・カーボーン、ステファン・H・ヘッケ

7月中旬の太陽が照りつけるイスタンブールで、世界的に有名なグランドバザールでのショッピングに向かう途中、昔ながらのコーヒーショップに立ち寄る。薄暗く煙が充満した店内には、水タバコの匂いと甘いコーヒーの香りが漂っている。ウェイターが、わずかなテーブルとテーブルの間を動き回り、装飾が美しい真鍮のトレーでターキッシュコーヒー、水タバコ用のキセルとパイプを運んでいる。

アーチ型の入口からグランドバザールに入ると、太陽の光が高い円天井の窓から差し込み、エキゾチックなアロマとスパイスの香りが充満している。迷宮のように入り組んだ路地は、イスラム風のモザイク模様に装飾され、どこに通じているのかわからない。混雑した通路沿いの小さな店の多くは、床から天井までカラフルなカーペットやシルク、刺繍、陶器、宝飾品をぎっしり陳列している。タイムマシンでやってきた紀元前のフェニキア商人でも、違和感なく商売ができそうな、興味、驚き、謎、発見に満ちた空間である。

数時間後、イスタンブールの中心地にある、まったく違う商業施設「シェバヒル」に出かけた。トルコ語で「宝石」という意味で、総工費2億5000万ドルをかけて2005年にオープンしたヨーロッパ最大規模の豪華なショッピングモールである。総床面積450万平方フィートの施設内には、店舗343店、ファストフードショップ34店、世界トップクラスのレストラン14店、映画館12館、そのうち1カ所は子ども専用、ボウリング場、ローラーコースター場、劇場、テーマパーク、2500台分の駐車場がそろっている。

地上3mの壁面では世界で2番目に大きい時計が時を刻み、吹き抜け部分はオアシスをイメージしてヤシの木が植えられ、水も流れている。大理石フロアの広い通路には黄金の支柱、吹き抜け側は広々としたバルコニーのようである。

何もかもがグランドバザールと正反対である。快適な温度で、古い市場の香りもない。購買意欲をそそる壮大な建物に漂うのは、エアコンと贅沢品と金の匂いであり、公共のスペースとはほど遠い。にぎやかで混沌としているグランドバザールと違って、秩序と管理が行き届いている。ショッピングセンター内に入るためには、すべての買い物客が空港のようにセキュリティチェックを通らなければならない。手荷物のX線検査を受け、金属探知機と武装した保安要員の厳しいチェックを受ける。館内も厳重に警備され、写真撮影しているとすぐに制服姿の警備員がやってくる。

私はグランドバザールの熱気、騒がしさ、にぎわいにあふれた独特の雰囲気が大好きである。刺激の強い匂い、薄暗さ、降り注ぐ太陽の光、石造りのアーチ、複雑なモザイク模様、アーチ型の天井、色とりどりの商品に魅了される。中東や極東では同じような市場やバザールで買い物をすることが多い。独特で何が起こるかわからず、ときには無秩序な状況も魅力のひとつである。だが残念ながら、小売業の過去の歴史になる運命のようだ。

シェバヒルをはじめとする世界各地の近代的なショッピングモールが、これからの小売業の姿になるのだろう。消費者行動は分刻みで考え抜かれ、最高の現実を作り出すように細工されている。建築、デザイン、照明、音響、香りを活かして、買いたい気分にさせる雰囲気を作りあげている。そこでのショッピングは簡単で、リラックスできて快適で安全、不測の事態は起こらない。小売店側からすれば利益にもつながる。

コトラー教授が生み出した「雰囲気」という概念

「雰囲気（atmospherics）」という用語は、ノースウエスタン大学でマーケティングを担当していた**フィリップ・コトラー教授の造語**であり、30年以上前の定義によれば「**意識的に作られた空間で、来店客に特定の心理的影響を与えて購入するように仕向けるのが目的**」である。

コトラーは、グランドバザールのような無計画で独自に自然発生してきた市場から、科学的に設計された多くの感覚に訴えるショッピングモールに移行すると予測していた。その考えに一部の小売業者は強い関心を示したが、実際に変革に動き出す店は少なかった。小売業界の考えが変わりはじめたのは、大手小売業者が他社との差別化によって集客を増やす必要性を感じ、消費者の意思決定が合理的ではなく、無意識や感情に強く左右される事実が科学的に解明されてきたためである。

最近では、顧客ロイヤルティを高めて収益につなげるには、ショッピングを面倒な雑事から、楽しい経験へと変えなければならないという認識が広がりつつある。

1980年代にはすでに、本当に消費者がショッピングに求めているのは楽しさやワクワク感であるという見解は示されていた。1982年にコロンビア大学のモリス・ホルブルックとニューヨーク大学のエリザベス・ヒルシュマンが、**買い物客が求めているのは「楽しい余暇活動、うれしさ、空想、美的楽しさ、感動、夢、高揚、快楽など『経験という視点』に包含されるもの」**だと主張している。だが、コトラーの「雰囲気」の概念や、感情が高揚する楽しい経験としてのショッピングという考え方が、大手小売業者に本格的に受け入れられはじめたのは、21世紀に入ってからだった。

世界各国で数々のショッピングモールの開発に携わり、小売業界に詳しいニック・ソントンは、次のように説明する。

世界各地のすばらしい商業施設には、商品、環境、経験の提供という3つの役割がある。これまでの商業施設では、商品と環境が重要であって、経験は付随的要素とされてきた。商品と環境に満足できれば、経験も同様だと思われていたのである。

商品と環境の充実に努めてきたショッピングモールは、従来の方法では競合施設との差別化がきわめて困難になっている。したがってソントンの指摘どおり、経験の重要性が飛躍的に高まっている。

「経験のきっかけ」を用意すれば、商品は売れる

ルー・カーボーンとステファン・H・ヘッケルによると、「経験のきっかけは、ほんのわずかな（場合によっては潜在意識下の）印象かもしれないし、強烈な印象かもしれない。偶発的なものもあれば、意図して作られているものもあり、単独のエピソードとして存在するかもしれないし、ストーリーになっているかもしれない。それらが総じて経験になる」。従来の小売店におけ

る経験のきっかけは、偶発的で無計画なものがほとんどだったが、近代的なショッピングモールでは詳細に作り上げられている。カーボーンとヘッケルは、それらを「人的なもの」と「物的なもの」に区分している。

人的なものとは、接客を受ける販売スタッフや、互いに影響を与える周囲の買い物客であり、物的なものとは、ショッピングセンターの景観、音、匂い、センス、印象、建物の様子、店舗レイアウト、店内ディスプレイなどである。

まず、雰囲気のなかでも何よりもコントロールしにくい、人々の態度や行動について考えてみよう。

アップルストアも実践する「人的きっかけ」

カスタマーサービスの世界一といえば、単独の施設ではアメリカ国内最大の従業員数を抱えるディズニーである。

私自身も何度もフロリダならびにカリフォルニアのディズニーランドに出かけているが、いつも従業員の優しく親切な態度が印象に残る。ディズニーワールドには5万5000人以上のスタッフがいることを考えれば、それだけサービスが行き届いているのは驚嘆に値する。その背景には慎重な採用と徹底した研修がある。細部にわたる徹底した研修については、元従業員が精巧な「**行動操作**」だと話してくれた。

スタッフは従業員ではなく「キャスト」と呼ばれ、仕事をするというよりステージに立つのである。役者のようにオーディションを受け、衣装を着て小道具を持ち、入念なリハーサルをする。常にキャラクターになりきるために、セリフに加えてキャラクターの背景まで詳しく学ばなければならない。フロリダのマジックキングダムでは、来園者がキャストの日常の姿を見て幻滅しないように、約3㎞にわたってキャスト専用の巨大地下通路が作られている。そのためスタッフは、キャラクターになっていない姿を来園者に見られずに、巨大な園内を移動できる。

アップルも大手小売店としての従業員教育が徹底している。ある意味で恵まれているのは、すでに書類選考の段階で、あらゆる年代の快活で明晰な人材が列をなして待っている。ハーバードに合格するよりアップルストアに採用されるほうが難しいという冗談半分の声もある。厳しい審査に合格した人たちは、「ジーニアス」としてブルーシャツを着る前に、2週間の研修を受けなければならない。心理的特訓のようなもので、すべての来店客に「すばらしい1日」だったと心から感じてもらうための方法を教え込まれる。研修マニュアルにはアップルでの禁止事項、使用禁止用語、顧客心理の把握術、購入してもらう方法まで網羅されている。たとえば使用禁止用語のなかには「クラッシュ」や「バグ」があり、アップルのコンピュータはクラッシュしているのではなく「一時的に反応が止まっている」、ソフトウエアにバグはなく、「問題がある」「ある状態になっている」「ある状況である」という対応を求められる。

サム・ビドルのGismo.comへの投稿によると、ジーニアス研修は「顧客を理解し、幸せにするための徹底したマニュアル教育」だとして、次のように続けている。

顧客に共感し、元気づけ、励まし、サポートサービス「Genius Bar」に持ち込まれるさまざまな課題に対処するように教えられる。顧客の幸せは、商品の購入だという前提になっている。アップルストアは笑顔の仲間が集う場所であっても、やはりひとつの店舗であり、顧客の脳に入り込むための懸命な努力がなされている。

マニュアルの基本的な考え方は、強引ながら優しく、説得しながら受動的、共感による販売である。販売プロセスもアップルの社名にちなんでＡｐｐｒｏａｃｈ（接近）、Ｐｒｏｂｅ（探索）、**P**resent（提示）、**L**isten（聴取）、**E**nd（終了）の5段階にまとめられている。まず挨拶を交わし（接近）、リラックスした穏やかな口調で顧客のニーズや懸念を確認し（探索）、商品を提案したうえで（提示）、問題点や質問を丹念に聞く（聴取）。それらに対しては、やはりマニュアルに従って、昔からあるきわめて効果的な「**Feel**（**共感**）-**Felt**（**同感**）-**Found**（**実感**）」という方法で対処する。たとえば次のように会話を運ぶ。

来店客「新しいタブレットが気に入っているのだけど、いつもマウスを使っているからマウスがないのはちょっとね…」

ジーニアス「よく**わかります**。私も最初は同じように**感じていました**から。でもすぐにまったく問題ないことが**わかりました**」

この段階でほとんどの購入は決まる（終了）。ビドルは「アップルの顧客は主導権を握っているように感じているはずが、本当はジーニアスに操られている」と書いている。

ディズニーの成功を支える「物的きっかけ」

ディズニーが工夫しているのは、人的サービスだけではない。たとえば来園者がオーランドの高速道路4号線を出てマジックキングダムに入ると、すでに園内であることにも気づかないまま3次元のイリュージョンに入っている。入口からの道は遠くまで広がり、にぎやかで、片側にはカラフルなアトラクションがある。けれど実は目の錯覚で、確かに活気はあるが、道は思っているほど遠くまで続いているわけではない。

水平に感じるメインストリートは、実際はおだやかな上り坂になっており、建物の外観がわずかに斜めになっているため「**強制された視点**」の効果がある。映画でよく使われる手法なので「ハリウッド遠近法」とも呼ばれ、実際よりも物が遠くに見えたり、近くに見えたり、大きく見えたり、小さく見えたりする。* そのトリックでメインストリートは到着時には長く、疲れて帰るときには短く見える。シンデレラ城も実際の約60ｍより高く、尖塔も2倍の大きさに見え、ほかの主要部分も広く高く感じられるように作られている。

〔＊1942年の映画『カサブランカ』の有名なラストシーンでは、ハンフリー・ボガートとイングリッド・バーグマンの背景で飛行機の離陸準備が進められている。この飛行機は、実際は超小型模型であり、雨と霧で「強制された視点」をカモフラージュしている〕

来園者の楽しさを左右するもうひとつの重要な要素である混雑時の対応についても、キングダム内はスムーズに対処できている。各アトラクションに表示されている待ち時間は、意図的に実際よりやや長く設定されており、15分の待ち時間表示であれば、おそらく10分以内でアトラクションを楽しめる。もし表示時間が10分だったにもかかわらず、15分待ってもアトラクションに乗れなければ、多くの顧客は（ディズニーでは「ゲスト」と呼ばれるが）憤慨する。この簡単な混雑時の心理をうまく利用して、だれもが幸せになれるようにしている。

ディズニーのように資金力があり、夢を描いてアトラクションを設計する「イマジニア」のスキルやノウハウがそろっているショッピングモールやスーパーは限られているが、多くはディズニーを参考にして独自のシステムを開発している。効果的な仕組みはショッピングをスムーズにするとともに、来店客の到着時から機能している。

パッケージが商品の判断材料になるように、**店舗の外観が店内に対する期待の糸口になる**ことは、小売店側も理解している。巨大ショッピングモールの大型駐車場に植えられた100万本以上の木々について、ニック・ソントンは次のように説明している。

1年中緑を楽しんでもらいたかったが、子ども連れの女性が暗くても安全で安心な場所にしたかった。そこで腰の高さまでしか成長しない低木を植え、2m以上になる高木を組みあわせて死角ができないように緑の空間を作った。

ショッピングする気分を生み出す

人的および物的なきっかけによって「説得された」消費者が、実際に購入するためには脳がショッピングする状態になっていなければならない。その切り替えは、ショッピングゾーンの敷地内に入ると同時に始まり、30秒以内で完了する。

近代的なショッピングモールの考案者とされるオーストリアの建築家ビクター・デイビッド・グルーエンにちなんで「**グルーエン効果**」と呼ばれるその状況*は、ショッピングセンターに足を踏み入れたときに生じる精神的および肉体的なわずかな変化である。

〔*グルーエンは、その用語が生まれる15年ほど前から、ショッピングセンター内の雰囲気によって来店客に強力なショッピングの経験を与えることの重要性を認識していた。1956年にアメリカ初の屋内ショッピングモールとして設計したサウスデール・モールには、総工費2000億ドルの建物の中心部に「タウンスクエア」を設けている。そこには魚が泳ぐ池や堂々とした樹木を配し、バルコニーを花で飾り、カフェを併設し、おそらく何よりも注目されたであろう、熱帯地方に生息する華やかな鳥たちを鑑賞できる大型の鳥かごを制作した。当時はメディアの大きな反響を呼び、アメリカ全土から買い物客が集まった〕

キビキビ歩いていたペースがゆっくりした散策に変わり、光の変化に対応するように瞳孔が拡張、収縮し、鼻はいつもと違う香りを感じ、耳にはさまざまな音が聞こえ、体感温度や湿度も変化する。その間の脳と体の変化を調べると、心拍数と皮膚伝導は徐々に低下し、脳活動はリラックスして警戒モードが低下している。

つまり、論理的で思慮深い思考モードから衝動的で自動的な思考モードに切り替わっている。その原因解明は簡単である。混雑した通路や駐車場からショッピングモールに向かう途中、来店客は警戒して周囲に意識的にならざるを得ない。ところがショッピングモールに入ってしまえば、警戒を解ける。精神的には安全スイッチを自動操縦状態に変えられ、活発な気分からのんびりペースに切り換えて、魅力的なディスプレイに目を向ける。そこにはいわゆる「**ゴルディロックス**」**状態***が用意され、暑すぎるでもなく、寒すぎるでもなく、ジメジメしているわけでもなく、乾燥しているわけでもなく、ちょうどいい環境である。私が訪れた北ヨーロッパのショッピングセンターの多くは、平均気温約22度、湿度45％に設定されていた。
［＊イギリスの童話の主人公ゴルディロックスがクマの家に迷い込み、ちょうどいい加減のスープやソファを見つけ出したことに由来し、「ちょうどいい状態」をあらわす］
第3章で説明したように、この状態は無意識のリラックスや安心感につながり、買い物時間を長くして出費を増やす効果が期待される。

照明と色が操る「視覚」への販売効果

建築やデザインのほかにも、高い視覚的効果が期待できるのは「照明」と「色」である。

恋人とキャンドルライトのディナーを楽しんだり、家族とファストフード店に出かけたりした経験のある人は、実感しているはずである。ロマンチックなレストランは、優しい照明で落ち着いた色調なのに対して、ファストフード店は明るく、原色を使った装飾が多い。

お店でも、豪華で洗練された特別空間の演出には、おしゃれで身だしなみのよいスタッフ、落ち着いたパステルやナチュラルトーンの色調、穏やかなクラシック音楽、厳選されたアロマなど高級なものをそろえる。

だが重要な要素のひとつになるのは、照明である。高級感をわかりやすく印象づけるには、明るい照明ではなく落ち着いたものを選ばなければならない。ただし雰囲気は、ナイトクラブ風ではなくゴシック建築の大聖堂に近づける。それに対してディスカウントファッションの店舗は明るく、おすすめ品をライトアップしている場合もある。

一方、スーパーの照明には、買い物客の反応を想定した巧妙な仕組みがあり、ベーカリーは暖色系、肉売り場は寒色系になっている。化粧品売り場では、シミを強調するような明るい蛍光灯ではなく、柔らかな光で顔の輪郭やしわを目立たなくするほうが、売上は増加する。

前章でも取り上げたように、消費者が商品のカテゴリーを決め、購入判断をするときには外見を見る。そのため色も重要になり、トマトは真っ赤、バナナは深い黄色、レタスは鮮明な緑、肉は健康そうなピンクでなければならない。もちろん商品そのものの鮮度は大切だが、照明を工夫すれば色よく見せられる。

洗練された近代的ショッピングモールでは、1日に何度か照明を調整し、顧客層や自然環境にあわせた雰囲気づくりをしている。具体的には朝の時間帯や若年層をターゲットとする店舗は明るく、夕刻や成熟した顧客層をターゲットとする店舗は落ち着いた照明を取り入れている。

照明は、単に雰囲気づくりに役立つだけではなく、顧客行動や売上にも大きく影響する。薄暗い照明の場合、顧客は穏やかな気分になり、ゆっくり時間をかけて店内を歩き、商品をじっくり選ぶようになる。

ある心理学の研究では、2つの店舗で個別に調整できる照明を追加してみた。すると**明るさを変えるだけで商品を選ぶ時間、手に取るアイテム数を調整できる**ことが明らかになっている。一般的には、照明が明るいほど消費者の関心は高まり、売上は増加する。

もちろん照明と色には強い相関関係がある。店内を一方はブルー、もう一方はオレンジに塗装した2つの店舗で検証すると、照明が明るければブルーの店舗のほうが売上は多いが、落ち着いた照明ではオレンジの店舗のほうが消費者からの評判がよく、売上も増える。

買いたくなる色、ならない色

ウクライナのルイス・チェスキンは、色のショッピングへの影響を提唱した心理学者のひとりであり、1930年代から1940年代にかけて大手企業を対象に、色彩を利用した商品アピールの方法について助言を行っている。その手法は消費者の気分に強く影響し、エネルギッシュな状態やリラックスした状態、興奮した状態や穏やかな状態、意欲的な状態や無関心な状態に仕向けることができた。現在では、色彩による脳や体への影響を直接調べる技術を使って、さらに研究が進んでいる。

私たちの研究所では、赤色の違いによる心理的および身体的覚醒状況、緑色や青色によるリラックス度について調査し、それらの色彩変化が消費者行動に強い影響を与えるという見解の裏づけを行ってきた。具体的な事例をいくつか紹介しよう。

・青や緑のような寒色は気分をリラックスさせ、オレンジや赤などの長い波長の色は興奮させる
・小売店の内装は、暖色系（オレンジなど）よりも寒色系のほうが買い物客の評価は高い
・飽和度（強さ）が高い飽和色は楽しい気分になるが、寒色にくらべて恐怖心につながりやすい
・暗い色が大部分になると、敵対心や攻撃的心理を起こしやすい
・赤と黄緑のように反対色を組み合わせるとストレスや緊張感を高め、マイナスイメージを引き起こして、その場を離れたい気分にする

アリゾナ州立大学のジョセフ・ベッリッツィとカンザス大学のロバート・ハイトは、ほぼ赤、ほぼ青という2種類の店舗で売上を比較している。それによると**青い店のほうが赤い店にくらべて購入額は多く、購入判断も速く、店への好感度も高かった。**その違いは、ほぼ間違いなく

色彩によるものだとされている。身体的に興奮状態であっても、赤は否定的で緊張した気分にさせ、青は穏やかでリラックスした気分に導き、前向きにショッピングができると分析している。

ただ、色への反応は主観性が強く、年齢や性別によって感じ方が違う。**男性にくらべて女性は色の明るさに敏感で、鮮明な色を見ると興奮し、支配的になる。**

オックスフォード大学サイードビジネススクールのナンシー・プッチネッリのグループは、セール広告の色が男性には影響を与えるが、女性には影響を与えないことを実証している。男性は、赤字で印刷されたトースターや電子レンジなどのセールチラシを見ると、同じ割引率の黒字のチラシにくらべて割安だと感じていた。また、その効果は、複数の商品広告の場合も同じだった。

ただし男性が赤色に惑わされるのは、内容にあまり注意を払っていないときに限られ、価格について検討するよう求められると、色による違いはなくなる。女性が色に影響されないのは、おそらく男性より集中して計画的な買い物をしているからである。「女性は自然に広告の詳細に注目し、商品価格もよく知っている」と分析されている。

色は使用する状況にも配慮が必要である。たとえば、赤を劇場のロビーに使えば、暖かく華やいだ雰囲気を演出するが、空港の出発ラウンジに使うと、臆病な乗客の不安をあおる危険がある。ふさわしいのは、自然な色合いのダークブルー、グリーン、ブラウンなどである。航空機の内装も同様だ。

また、色によって時間経過の感覚も変わる。赤い照明のときは時間経過が遅く、物は大きく重く感じられるが、青い照明のときは時間経過が早く、物は小さく軽く感じられる。カジノの基調色が赤なのは、顧客を覚醒させるとともに、時間がゆっくり過ぎているように感じさせるためでもある。

店頭での色の効果は、オンラインにも応用できる。インターネットユーザーのサイトへの反応を調べると、リラックスして時間経過を早く感じているときの画面は、青が基調で明るい。逆にストレスや緊張感が強く、反応を遅く感じるときの画面は、赤や黄色の傾向がある。

BGMのテンポで売れ方が変わる

店内のBGMは購買行動に大きく影響する。購入額を増やすだけでなく、商品を購入させることもでき、そのことに顧客が気づいていない場合もある。

ライト州立大学のチャールズ・グラスとミシガン大学のチャールズ・シェーヴェの共同研究によると、ベビーブーム世代は懐かしいロックミュージックが流れていると購入する確率が高いが、全体の3分の2はショッピング中に聞いた音楽を覚えていなかった。

音楽と消費者行動との関係については、時間経過の感覚、歩く速さ、周囲の景観への注目など、多様な視点から行われている。一般的に買い物客は、なかでも高齢者は大音量の音楽を好まないが、実際には音量によるショッピング時間や購入額への影響は少ない。

だが**音楽のテンポによって、店内を歩くスピードや購入金額は変わる**。スローテンポの音楽をかけている百貨店は、アップテンポの音楽の百貨店にくらべて1日の売上が38％多いという研究もある。また、ワイン売り場でクラシック音楽をかけると、ヒット曲の場合よりも購入額が増加し、購入本数ではなく購入単価が上昇する。

音そのものだけでなく、音声システムも重要な要素である。最近アメリカのショッピングモールで導入されはじめた2種類の音声システムがあり、すぐに近隣のスーパーにも取り入れられるだろう。ひとつは顧客個人にピンポイントのシグナルでセールメッセージを送信する。プロモーションやセールのメッセージが音楽に「かくれている」場合もあり、ターゲット顧客が特定の通路にやってくるとサブリミナル効果を発揮する。それらのメッセージは音楽で隠せるので、ターゲット層が通過中のタイミングに流す。

サブリミナルメッセージだけでも十分効果的だが、感情を持つクローンと組み合わせると、「驚くような」成果が生まれる。それが第二の音声システムであり、ジョージア州ノークロス社のオリバー・ロウリー博士が、ハイテク技術を駆使して開発した仕組みである。この「沈黙の音声拡散スペクトル(S-quadあるいはSquad)」と呼ばれる技術は、耳を介さず、セールスメッセージを直接顧客の脳に伝達する。しかも、脳の活動を分析して感情を把握できるコンピュータとの接続も可能だといわれている。ロウリー博士によると、セールスメッセージとともに「形成した感情」を送れば、密かに人間の感情を誘導して変えられる。

「香り」の驚くべきサブリミナル効果

もうひとつ売上に影響し、サブリミナル効果を発揮するのが「香り」である。記憶の想起、食欲増進、リラックスや覚醒効果によって滞在時間の延長、売上の増加が期待できる。

次に紹介する事例のように、店内の環境要素のひとつとして香りを取り入れる店舗は増えている。

・韓国のダンキンドーナツは、コーヒーの売り込みのために、ラジオCMが流れると同時に公共バスに**コーヒーの香り**を吹き込んだ。その結果、来店客は16%、売上は29%増加した。

・食品大手のマッケインは複数の感覚に訴える広告を使って、電子レンジ用のベイクドポテトシリーズをPRした。そのひとつであるバス停広告では、60㎝程度のグラスファイバーのポテトを触れれば暖かくなり（2月のイギリスでのキャンペーンなので好評だった）、同時に**ポテトの香ばしい匂い**が出てくる仕組みを作った。

・アメリカの高級百貨店ブルーミングデールでは、売り場ごとに香りが違う。幼児用品売り場には優しい**ベビーパウダーの香り**、水着売り場には**ココナッツのトロピカルな香り**、ランジェリー売場には**官能的なライラックの香り**を漂わせ、お祭りシーズンにはクッキーやチョコレートや常緑樹の匂いで暖かさや楽しさを演出している。

・ニューヨークのネットコストマーケットは、さまざまな食材の香りを人工的に漂わせ、顧客の食欲を刺激して購入額を増やそうとしている。お菓子売り場には**チョコレート**、果物売り場には**グレープフルーツ**、パン売り場には**ローズマリーのフォカッチャ**など、香りは戦略的に選んでいる。最近の発表によれば、香りのシステムを導入後、売上は7％増加している。

・ユニバーサルリゾートのハードロックホテルは、**人工的なクッキーとワッフルの香り**で顧客を地下のアイスクリームショップへ誘導している。目立たない場所にあるため気づいてもらいにくかったが、「香りの広告看板」のおかげで売上は30％増加している。

・最後の事例は、作家や出版社の関心をひくものである。ベルギーのハッセルト大学の研究グループによると、**チョコレートの香りは書籍販売に効果がある。**リーバ・ドゥースの研究グループが10日間にわたって、書店の営業時間中の半分にチョコレートの香りを流してみた。わずかな香りですぐには気づかない程度だったが、来店客の滞留時間や手に取る冊数、購入冊数も増えた。なかでも食品や飲み物、恋愛小説への効果は大きく、チョコレートの香りがしている時間帯の売上は、何と40％も増加した。

香りマーケティングで世界的に有名なセントエアーの本社で、マーケティングディレクターであるエド・バークに香りの可能性と影響について意見を聞いた。同社は小売業界、ホスピタリティサービス、ゲーム業界のクライアントにふさわしい2000種類近い香りを提供し、企業やブランドごとに独自の調香も行っている。顧客数は109カ国で5万を数え、毎年50億の

「心に残る印象」を作り出している。

バークは、香りの開発プロセスを次のように説明する。

クライアントが何を目指しているのか、落ち着いて考える。すると目的に向けたソリューションが動きはじめる。どんな香りにするのか、どこで香らせるのか、1種類か複数の種類か、あらゆる事項を検討する。科学の要素もあればアートの要素もあり、クライアント側の嗅覚以外の感覚要素も調べる。それらを基に創造的なデザインのプロセスに進み、すべての要素と調和した香りを作り上げる。

ブランドの定義づけからスタートしたヒューゴボスの場合、次のような質問をしたと言う。

なぜ顧客はヒューゴボスを選ぶのか？　なぜほかのブランドではないのか？　顧客にとってヒューゴボスはどんな存在なのか？　店や服やサービスのどんな要素がブランドの裏づけになっているのか？

クライアントのブランドイメージは、「豪華、スタイリッシュ、本物品質、高級感」だった。

それらのメッセージを伝えるための雰囲気づくりには、「スーパーのような単純な香りではいけない。センスがあって関心を抱かせ、ほかには例のない芳醇で官能的なものが必要だと判断した。求められているのは特徴的で深みと個性があり、オリジナルだがどこか懐かしく、伝統を感じさせるような香りである」と判断された。

それらの条件から絞り込みに入り、明るいものは避け、柑橘系はセクシーさに欠けると判断し、フローラルなものは香水に近いので却下した。条件にあう深い森やスパイス系の香りをいくつも検討し、最終的にアフリカ原産の「パンボティの木の香り」にたどり着いた。芳醇ですっきりした退廃的な匂い、独特の高級感、興味をひく香りだった。世界各国のヒューゴボスの店舗に導入したところ、ほぼすべての顧客に高評価を受け、いまでは同じ香りのキャンドルを発売するほどである。

クライアントがカジノの場合は、プレーヤーがリラックスして長時間ゲームを楽しめるように、時間経過を遅く感じさせる香りを選ぶ。香りがあるほうがギャンブルの賭け金が増えることも実証されている。しかもプレーヤーやカジノ側が、香りによる行動や感情のコントロールを自覚していなくても、その効果は期待できる。

「信頼感」を生み出すオキシトシン

サブリミナル効果を期待して広く使われている香りの「オキシトシン」は、女性が出産時に子どもとの絆を深めるために分泌するホルモンである。

チューリッヒ大学のミカエル・コスフェルドは、成人に対する効果を検証するため、被験者にオキシトシンを鼻腔投与して投資ゲームに参加してもらった。ゲームではひとりのプレーヤーが「投資家」となり、もうひとりのプレーヤーを信頼して投資額を決めなければならない。配当額は、相手が決める。

結果は、オキシトシンを投与されたプレーヤーのほうが偽薬を投与されたプレーヤーにくらべて投資額が大きかった。この原因は、ギャンブルに対する抵抗感の低さではなく、仲間のプレーヤーに対する信頼感の高さである。

オキシトシンは、日常生活における他者との接触によって自然に合成されている。初対面の人を前にすると、意識的あるいは無意識に分泌される。ショッピング中であれば、販売スタッフの優しい笑顔、緊張感をやわらげ、親しみを感じさせる態度、握手などによって分泌が促される。

体感できる「驚き」を潜ませる

消費者の行動や購入額に影響する雰囲気についての説明の最後に、あまり取り上げられる機会のない近代的な建築デザインの説得力について考えてみたい。具体的には大型ショッピングモールの威圧力である。

驚嘆するようなショッピングモールを作るのは、虚飾のためではなく、ビジネスに効果的だからだ。時間不足という買い物客の最大の悩みを解消できる。多くの消費者は時間不足を痛感しており、1000人あまりのアメリカ人を対象にした最近の調査では、ほぼ半数（47％）が日常生活に忙殺されている。そのような「時間に対する渇望感」から、ショッピングはすでに忙しすぎるスケジュールに押し込まれた雑用のひとつであり、何とかできるだけ早く終わらせてしまいたい。

第2章で説明したように、ショッピングに行く人とショッピングをしている人では態度、意欲、脳のパターンがまったく違う。売り手の立場からすれば、前者のほうが望ましいが、利益は大幅に少ない。買い物に費やす時間が長くなれば、それだけ出費額も増え、利益も増加する。

前述のとおり、カジノのオーナーは時間経過の感覚を巧妙に細工しているため、ラスベガスのカジノに行くと、時間が止まっているように思える。昼夜の区別がなく、時間の経過を実感する時計もない。ほとんどのカジノには窓もなく、人工的な照明が上下して昼夜を演出している。ただし昼の演出は午前4時ごろに始まるので、プレーヤーの認識はさらに混乱する。ラスベガスの一部のカジノでは、酸素を放出して眠気を退治し、アルコールを飲んでいるプレーヤーの酔いを促す。

小売店では、カジノと同じというわけにはいかないが、別の方法で時間経過を遅く感じさせられる。資金力がある場合は、巨大で圧倒するような環境を作れば、買い物客は驚嘆して立ち尽くすしかない。そうなると、買物時間や買物金額が増加する。

メラニー・ラッドをはじめとするスタンフォード大学とミネソタ大学の共同研究では、驚嘆によって時間経過の感覚が変わるとともに幸福感が強まり、購買意欲も高まることをさまざまな方法で検証している。

ある研究では、被験者に2種類のビデオを見せる。驚くように作られたビデオには、滝、クジラ、宇宙遊泳中の宇宙飛行士など、壮大で心理的に圧倒されながらも現実的な映像が流れる。もう一方は、幸福感を高めるため、華やかな衣装で顔にペイントした人たちの楽しそうなパレードのビデオである。それらを見た後、時間経過の感覚を聞く。すると驚嘆するビデオのほうが時間経過は遅く、時間を長く感じられていた。

私たちの研究所が行った調査では、驚嘆するイメージによって幸福感が高まる事実が確認され、寛容になって購入判断や出費にも前向きになる。

ここまで説明してきたような、科学者やエンジニアや建築家によって作られた数えきれないほどの「かくれた説得者」のターゲットになっている状況を、消費者は把握できていない。販売する側やメーカーも同様である。グローバル企業は商品を作っているだけではなく、感情も操作しているのである。次章に続けよう。

第7章

ブランド愛
——お客の感情を操作する

「有名ブランドは敷居を高くし、ブランドを手にする目的意識を強くしている。結果的にスポーツやフィットネスに懸命に取り組み、一杯のコーヒーが別格だと思える」

——リード・モンタギュー

消費者がブランドに「恋する」、つまり深い愛着を抱き続けるという概念は、なかなか信じてもらえない。だが消費者心理やニューロマーケティングの研究によると、ブランドへの傾倒は決して例外的ではなく、「ブランド信奉」「ブランド愛」「ブランド追従」「ブランド崇拝」という状況が起こり、家族や親友に対する愛情と同等の思いをブランドにも感じている。

この章では、ブランドに対する深い愛情を生み出すための広告やマーケティングのテクニックを紹介し、ニューロマーケティング技術を用いて、ブランド愛が生まれる脳内部位を特定していきたい。

陳列スペース？ それとも心のスペース？ 揺れる消費者の心

アメリカのマーケティングの専門家、ジャック・トラウトによると、いまや消費者を対象とした商品は100万種類以上存在する。大手スーパーの商品棚に6万アイテム分のスペースがあっても、全体のわずか6％にすぎない。だがそれでも消費者の選択肢としては多すぎる。

ブランドマネジャーも、150種類あれば平均的家庭には十分だとわかっており、「そうなると店頭に並ぶ大多数のアイテムが見向きもされない確率がかなり高く、現在のグローバル競争の時代を生き抜くには、他社と差別化する方法を見つけ出さなければならない」とトラウトは指摘している。

商品がぎっしり並ぶスーパーで自社ブランドが埋没せず、マーケットシェアを拡大し続けるためにはどうすればよいのか、その悩みはブランドマネジャーの頭から離れない。近年では心理学や脳科学の研究が進み、顧客のブランドイメージをうまく作り出す方法が新たな課題となり、夜も眠れない状態である。

50年以上前は、感情から合理的思考につながるわけではなく、「合理的思考の結果として感情を抱く」というのがマーケティング、広告、販売の担当者の共通認識だった。感情の動きが重要だと認識していなかったわけではなく、消費者に事実情報を伝えるとともに、購入に前向きな気持ちになってもらえるように努力していた。アンケートやグループインタビューなどで市場調査も行い、消費者の〝考え方〟を把握しようとしてきた。購買動機にアピールすれば、消費者は購入してくれるはずだと思い込んでいたのである。

だが、30年にわたる心理学や脳科学の研究から、それが大いなる誤りであり、**思考よりも「感情」のほうが購買行動への影響は強く、本人の自覚なく消費者の感情を作り出せる**ことが実証されている。
現在では、自社ブランドが消費者の理想や願望となるように、あらゆる企業が熱心に取り組んでいる。たとえばスターバックスは、顧客にとってコーヒーはコーヒーにすぎず、ブランドによる違いはゼロに等しいという認識から、自社ブランドに対する愛着作りを始めた。そのため創業者のハワード・シュルツは「コーヒーを楽しむすばらしさ。スターバックスでの温かい気分とコミュニティ」の提供を試みた。
日本製ランニングシューズの代理店として創業したナイキの場合、創業者であり会長兼CEOでもあるフィル・ナイトは、次のように語っている。

かつて当社は、商品のデザインと生産にすべてをかけていた。だがいまは、商品のマーケティングの重要性を認識し、商品は最大のマーケティングツールだと考えている。

ナイキはわかりやすいコピーを使い、スピード感のあるテレビCMを発信して、優れた身体能力と競争での成功というイメージを作り上げようとしている。「もちろん60秒では多くを説明できないが、マイケル・ジョーダンを使えば説明など必要ない。わけない作業だ」というのがナイトの方針である。

「ブランド好き」は生まれつき？

ブランドへの愛着は、人生の早い時期に起こる。

ボストン大学の社会学教授ジュリエット・B・スコールの分析によると、現代のアメリカの10代から20代は、これまでの世代とは比較にならないほどブランドを重視し、ほかの消費者に影響を与え、物質的なものを大切にする世代である。服装やブランドが本人の象徴であり、社会的地位を決めると信じている。他国の若者にくらべてブランドへの愛着が強く、「ブランドへの執着」は強まるばかりだと見られている。

ケーブルテレビのニコロデオンが2001年に行った調査では、アメリカの平均的な10歳の子どもが知っているブランドは300〜400種類を数え、14歳になると90％に好みのブランドがある。子どもたちがブランドを意識するようになった年齢を母親に聞いてみると、3歳という回答が全体の3分の2、2歳という回答が3分の1である。

公園から運動場、教室、役員室まで、**ブランド品は個人の達成感や社会との一体感のシンボル**だという認識が強まりつつある。特に若年層は、「**ブランド品を持っていれば、自分が洗練さ**

れた裕福なイメージそのものになれる」と思っている。逆にブランドを手に入れて見せびらかさなければ、自分が敗者で社会から疎外されているという意味になる。

そのようなプレッシャーを考えれば、テレビのスイッチを入れる年齢になった子どもが、まずブランドを識別するようになるとしても不思議ではない。子どもたちは思春期になるずっと前からブランド名で他者を判断し、どのブランドが流行なのか、どのブランドが不真面目だと見られるのかを知っている。

しかも、その状況はアメリカに限らない。心理学者のヘルガ・ディットマーがイギリスの10代を調べたところ、ブランド名だけで富裕層であるか、中間層であるかを区別し、その基準にしたがってあらゆる判断をしている実態が確認されている。ブランドは所得水準だけでなく、知性、成功、教育レベル、思いどおりの人生であるかどうかまであらわすと信じているのである。また、社会的階層が高い家庭の子どものほうがブランド意識は強い。

そこまで強い思いにつながるため、ブランディングに成功すれば一人勝ちであり、その報酬は驚異的金額になる（コラム7・1）。

どうすればブランドに高い価値がつくのか、アイボリー石鹸を事例に考えてみよう。

アイボリー石鹸の発売は1879年、P＆Gの創業者のひとりであるハーレイ・プロクター

column 7.1 超高額ブランド

ブランドの金額価値は？　クラフト社の場合126億ドルである。フィリップモリスによる1988年の買収時、簿価の6倍という膨大な金額が支払われている。名前に対する対価である。反グローバリゼーションを訴えるナオミ・クラインは、著書『ブランドなんか、いらない』のなかで「クラフトの買収では、以前は抽象的で金額換算できなかったものに大金が支払われた」と批判している。

2010年には、クラフト社が196億ドルを支払って、イギリスの菓子・飲料メーカー、キャドバリー社を買収している。その金額には、高級で信頼されたブランド名に対する対価も含まれていると考えられる。

が、教会で聖書の一節を聞いたのがきっかけだった。「アイボリー」という単語が印象的で、「寄生虫」のように頭から離れなくなってしまった。そこでP&Gが初めて発売する白い石鹸の名前として使い、「**99%ピュアな石鹸**」として売り出した。マーケティングに詳しいデイビッド・アーカーによると、アイボリー石鹸のブランドとしての約束は100年以上変わっておらず、発売以来の利益は20億〜30億ドルになるそうだ。

ブランドが生み出すイメージを、消費者の生涯にわたってうまく構築できれば、多額の収益につながるだろう。だがブランドが変容すれば、消費者のイメージに変化が生じ、さらに商品へのマイナスイメージにつながる危険も認識しておかなければならない。

column 7.2 利益追求の末、作られた「鼻水ビール」

人間と同じように、ブランドにも誕生から消滅までのサイクルがある。わずかながら100年を超えて続くブランドもあるが、さまざまな理由で短命に終わるブランドもある。全体の8割近くは誕生とほぼ同時に消滅し、1割あまりは5年以内に消えてしまう。

それらの原因は、時代への乗り遅れ、市場での悪評、人々の好みの変化、消費者からの高い期待への対応不足などである。だがここで紹介する事例は、コスト削減と経営の失敗に第2章で取り上げた嫌悪感が加わって、支持を得ていた人気ブランドが凋落していく様子である。

長年アメリカでトップシェアを誇るビールだったシュリッツは、1902年からジョセフ・シュリッツ醸造所で作られていた。「ミルウォーキーを有名にしたビール」というキャッチコピーで「シュリッツをやめるのはビールをやめるとき」とアピールし、伝統、誠実、健全なイメージで全国ブランドとして知られていた。ところが1970年代はじめ、バドワイザーに売上トップの座を奪われる。

社長のロバート・ユーレイン・ジュニアは、利益確保のため原料費の削減と醸造工程のスピードアップを決める。だが利益は増加したものの、顧客の不満につながった。ビールの味はひどく、廉価な原材料を使ったために「不気味なネバネバ」状態になってしまったのだ。「鼻水ビール」というレッテルを貼られ、売上は激減。1000万缶が回収され、かつてのトップブランドは地に落ちた。1981年にはミルウォーキーの醸造所を閉鎖し、翌年にはライバル企業に買収された。

栄華を誇っていたブランドが葬り去られてしまう事例もある（コラム7・2）。

クリエイターとリサーチャー、お客を動かすのはどっち？

意図的に感情を動かしてブランドへの愛着を持ってもらうには、簡単ではない長期的な作業に多額の費用を投じなければならない。著名人からの推奨、イメージにふさわしい活動への寄付、広範なＰＲ、広告、マーケティング、パッケージなど多岐にわたる要素が求められるが、ブランディングの主な要素は、次の3項目である。

- 画像
- 言葉
- 音楽

香り、味、触感が重要な要素になるブランドもあるが、これら3要素を使ってイメージ作りを行っているブランドがほとんどである。つい最近まで3要素の選択には、広告キャンペーンの制作を担当するクリエイターの想像力や経験が重要だった。必要があればアンケートやグループインタビューも実施し、創造力を発揮して印刷物やＣＭなどが作られていった。長年にわたって自由が尊重され、私の経験では、市場調査はクリエイターのインスピレーションに水を差すものとして排除されてきた。巨額の予算を受け取り、制作した作品で広告賞をもらうことを優先し、商品の売上はそれほど重要ではないという制作者もいた。

もちろん市場調査やクライアントの意見にさえ耳を貸さず、クリエイターのアイデアが奏功する事例もある。アップルの有名な60秒ＣＭ「１９８４」は、１９８４年にマッキントッシュのパソコンの発売を告知するために制作されたが、スティーブ・ジョブズをはじめとする経営陣には却下された経緯がある。マッキントッシュの本格的なビジネスコンピュータとしてのイメージが伝わらず、従業員や株主、投資家、ライバル企業、消費者にはアップルは「非常識」で「制御不能」だと思われるという意見が大勢だった。グループインタビューの評判も悪く、「ＣＭ効果」の評点は、商品ＣＭの平均29点を大幅に下回る5点だった。

そのＣＭは、１００万ドルの巨費を投じてスーパーボウルで放映される予定になっていた。すでにキャンセルできないタイミングになっており、費用も支払わなければならないため、役員たちの強い反対を押し切ってスティーブ・ジョブズが放映を許可した。すると驚くべきことに、ＣＭ視聴率は前例のない78％にのぼり、コンピュータの売上はＣＭ放映からわずか6時間後の翌朝には３５０万ドル、それからの１００日間で合計1億５５００万ドルに達した。

結果的にＣＭが放映されたのは、高価な市場調査の成果ではなく、投資費用が回収不能になってしまったひとりの経営者の判断だった。

最近では状況が変わり、市場調査は敬遠される存在ではなく、経済活動に欠かせないデータになっている。最先端の調査にはニューロマーケティングが取り入れられ、世界各地の脳科学者が加わっている。

アメリカのニューロマーケティング企業サンズリサーチでは、脳波計を使ってＣＭに対する〝言葉での感想〟ではなく〝感じ方〟を調査し、スーパーボウルで放映されるＣＭのランキングを発表している。

２０１１年のＣＭのひとつに、ダース・ベイダーに扮した子どもが、フォルクスワーゲンのリモートスタート機能を使った父親にだまされて、自分にも不思議な力「フォース」を使えると思い込むというストーリーがあった。アップルの「１９８４」と同様、旧来の事前調査での評価は低く、売上には結びつかないと予想された。

ところが、ニューロマーケティングの調査結果はまったく違い、「過去最高に魅力的」という評価が出ていた。そのデータを信じたフォルクスワーゲンがCMを放映したところ、スーパーボウルの人気CMのひとつとなり、YouTubeでの再生回数は6000万回を数え、世界各国での68億のコメント数、1億ドル以上の広告効果となった。売上への貢献も大きく、30年間で最高のアメリカ国内シェアを獲得できた。

脳は「ブランド」をどうとらえているか？

脳の中で感情に関係する部位がわかれば、効果的なイメージ作りができるのだろうか？

ここまでの章で説明してきたように、脳科学では高価なfMRIやQEEGを使って、その質問に答えようとしている。

たとえば、テレビCMを少しずつ変えて脳の反応を比較すれば、CMのインパクト改善に役立つ。編集方法、BGM、文章やセリフ、登場人物の話すスピードやイントネーション、アクセントのほんのわずかな違いであっても、視聴者のイメージは大幅に変わる可能性もある。

では、ニューロマーケティングで注目する脳内部位とはどこだろう？　第一は、情報処理を担う「**扁桃体**《へんとうたい》」（扁桃はアーモンドの意。アーモンドのような形をしていることに由来）と、短期記憶

図7.1　ニューロマーケティングで重要な脳内部位

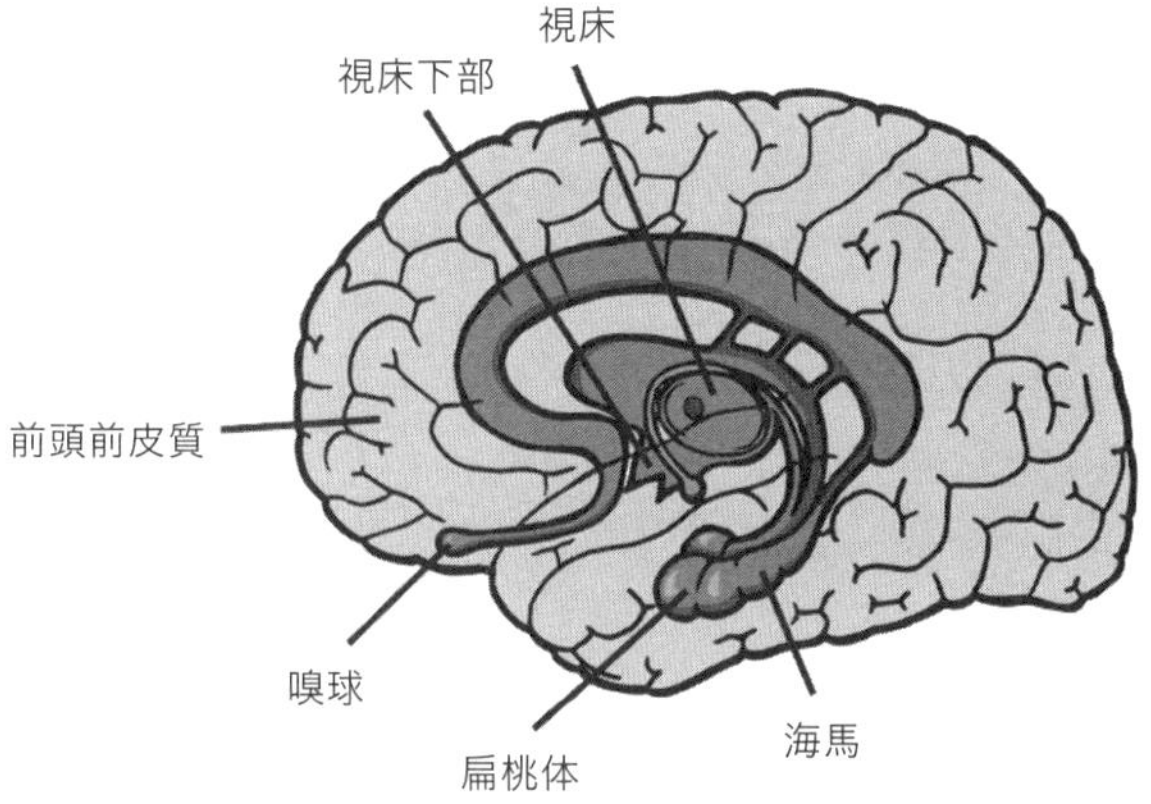

に関係する「**海馬**《かいば》」（やはり海馬、タツノオトシゴに似た形に由来）である。いずれも、快、不快両方の感情の動きに関係する大脳辺縁系に含まれる（図7・1参照）。

ニューヨーク大学の脳科学者ジョゼフ・ルドゥーによると、入ってきた情報が扁桃体に到着するには「**低速経路**」と「**高速経路**」がある。たとえばショッピング中、買い慣れたブランドの商品を見つけると、まず「感覚視床」と呼ばれる部位に情報が送られる。そこから扁桃体に情報が直送されて即座に反応するか、もうひとつの低速経路で記憶と照合し、慎重な反応をする。その場合の記憶とは、すでに知っていること、知っていると思っていること、さまざまな感覚からの情報である。

また、カーネギーメロン大学のジョージ・レーベンシュタインの説明では、私たちの脳は、認知システムから情動システムへのつながりよりも、**情動システムから認知システムへのつながりのほうが強固なので、情動が意識を圧倒する**可能性がある。

たとえば、バーゲン商品を見つけた場合、まずは「低速経路」からシグナルが送られ、直ちに情動反応が起こる。その結果、第1章のニューヨークのショッピングで紹介したような身体的変化が生じ、鼓動が早まり、呼吸回数が増えて汗をかく。脳画像や脳波計にも脳機能の変化があらわれる。そのシグナルが扁桃体に到着し、「興奮状態」が起こると、「高速経路」から記憶にアクセスし、再び扁桃体で詳しい情報に基づく反応をする。

情動には、もうひとつ「**島皮質**《とうひしつ》」あるいは「**島葉**《とうよう》」と呼ばれる部位も関わる。「ライル島」とも称され、解剖学では第五の葉として体感情報を受け取り、伝達する役割を担うとされ（ほかに前頭葉、頭頂葉、側頭葉、後頭葉の4つの脳葉がある）、情動や認識への処理も行われる。たとえば、幸せそうな、あるいは悲しそうな表情を目にすると、島皮質の活性化にともなう身体反応が起こる。

島皮質は主に2つの領域に分かれ、後部は体感情報と筋肉運動を結びつけ、前部は体感情報を感情や行動に変える。扁桃体や前頭前皮質などの領域とも、脳の深部で双方向に密接につながっている。

それらはブランドにどのような影響があるのだろう？　南カリフォルニア大学のマーチン・レイマンの研究グループによると、島皮質は身体情報（たとえば好みのブランドを所有したいという強い思い）を感情や欲求に変える、つまり強固なブランドとの関係は、一般的なブランドとの関係にくらべて島皮質の活性化を促すはずである。その活動状況は、脳内の深部部位のためQEEGを用いた間接的な検証しかできない。しかしｆＭＲＩで慎重に調べれば、脳全体の様子がわかり、扁桃体や海馬の血流変化も手間なく正確に見極められる。

これまでの章で説明してきたとおり、脳の前部はさまざまな部位、なかでも情緒を司る辺縁系からの情報に基づいて購入判断をする。その活動は、大脳皮質と呼ばれる脳の外層で起こるので、頭に電極をつければ記録できる。

ブランドマネジャーや広告担当者が目指しているのは、「ブランドの寄生虫」とでも呼べそうな**情動メモリーの埋め込み**である。そうすれば、ブランドを目にしたときに常に同じ感情や記憶を思い出す。そして共通の反応をする消費者が増えれば、それだけ購入判断への影響力も強くなる。こうした同調心理を「**バンドワゴン効果**」と呼ぶ。

エモリー大学の脳科学者グレゴリー・Ｓ・バーンズは、その「バンドワゴン効果」をｆＭＲＩ

で確認している。研究では30人の被験者に50組以上の3次元の抽象画を見てもらい、ほかの被験者の回答も知らせたうえで、似ているかどうか判断してもらった。すると被験者の多くは、たとえ**間違っていても多数派の意見に賛同する**。そのときのビジュアルイメージの統合に関わる頭頂葉と、意思決定を行う前頭前皮質の活性度から、**仲間からのプレッシャーに対する脳の変化**も特定できている。

「おそらく仲間への同調には、何らかの報酬や興奮を感じている」とバーンズは分析し、それがバーバリーチェックの人気、熱狂的なITバブル、不動産バブルなど、流行や社会的トレンドの背景にある心理の裏づけになると考えている。

情動の有効性については、ミュンヘンのルートヴィヒ・マクシミリアン大学のクリスチーヌ・ボーンらの研究グループが実証している。

高等教育を受けた男女20人に車と保険会社の有名なブランドとあまり有名ではないブランドを見てもらい、脳の状態を調べた。すると**有名なブランドを見た場合、肯定的な感情や自己認識、報酬に関わる脳内部位が活性化**していた。また、情報処理の労力も少なかった。一方、有名でないブランドは、記憶の働きや否定的な感情に関わる部位を活性化させていた。その反応は、商品やサービスに関係なく見られた。

画像は記憶に残りやすく、思い出しやすい

前章で説明したように、売り場ではあらゆる感覚を利用して情動が作り上げられる。視覚、聴覚、嗅覚に関わる手法や技術を総動員して目、耳、鼻がだまされる。

だが、ブランドだけで情動操作をするとなれば、マーケティングは画像と言葉、商品によっては風合い、味、匂いに限定されるのが一般的である。なかでも**画像は、言葉とは比較にならないほど効果があり、瞬時に多大な情報や感動を表現できる**。しかも**記憶に残りやすく、思い出しやすい**。そのため画像処理のときの脳はスムーズに機能し、あまり労力も必要とされない。ただし言葉が不要というわけではない。数学者や芸術家は例外としても、思考や意思疎通の手段として言葉は不可欠である。

私たちの研究所では、売り場やウェブ上における画像の明らかな優位性を数多く実証している。ある研究では、複雑なデータを言葉と画像で提示し、理解のスピードと容易さを比較した。その差は歴然としており、**画像データは理解するための精神的労力を約20％少なくする**ばかり

か、実験後も思い出しやすかった。人間が数百万年にわたって画像情報で思考し、文字を使いはじめたのが数千年前でしかない状況を考えれば、検証結果は当然かもしれない。

広告業界が画像の影響力を認識したのは、最初は手書き、その後は写真を使って画像を印刷できるようになったのがきっかけである。たとえば19世紀後半、シリアルのクエーカーオートミールを購入する主婦は、単に朝食用シリアルを購入しているだけでなく、公正さや誠実さ、家族の価値という新たな美徳を手に入れていると信じ込まされていた。クエーカーオートミールのパッケージにはクエーカーの姿のイラストが配されている。

クエーカーと朝食用シリアルにはどんな関係があるのだろう？　もちろん何もない。誠実さと伝統を重んじるクエーカーの姿を、ブランドイメージとして消費者の潜在意識に訴えようとしているのである。そのイメージは「気持ちがよい」という情動につながっており、クエーカーは「かくれた説得者」の先駆けとなった。

ペンシルバニア州立大学の歴史学教授ゲイリー・クロスは、母親たちは家族のための食事の準備を、栄養面への配慮だけでなく、「母親としてすばらしいことをしているという自信を感じさせるもの」としてとらえられるようになっていると分析している。

情動に強く働きかけるのは何色？

先にも述べたように、色はイメージを大きく左右し、脳内の情動に関わる部位に直接働きかける。たとえば、赤は身体的興奮を促し、そのため警告表示に多用されている。

経験豊富な審判の判断も、色による影響を受ける。ドイツのミュンスター大学のスポーツ心理学者が、42人の審判に格闘技の試合のビデオを見せた。選手の服装は、一方が赤、他方が青である。その後、デジタル技術で服装の色を逆にし、ビデオを再生する。すると拮抗した試合の場合、点数が逆転し、青い服装にくらべて赤い服装のほうが平均13点高くなった。

私たちの研究所では、この結果をふまえて3種類の持ち帰りフードの広告を比較してみた。主な色調が赤、青、緑である以外は、すべて同じ内容になっている。それぞれの広告を見たときの脳活動を調べてみると、**情動が激しいのは赤、青、緑の順**になった。

チョコレートメーカーのキャドバリーは、ブランドイメージとして紫を使っている。カナダの大手マーケティング企業によれば、キャドバリーの紫の価値は「価格がつけられないぐらい高価」だとされる。威厳がありながら近づきにくいわけでもなく、その色を見ればチョコレートを連想する。もしブランドそのものや、キャドバリーの紫のようにブランドを連想させるものが娯楽シーンに組み込まれていれば、私たちは意識せず、ブランドを思い出すこともなく影響を受ける可能性がある。

ベビーフェイスの正体

子ども用品のメーカーは､印刷物に愛らしい笑顔の子どもを起用しようとする。だがターゲットとなる若い母親は、どんな顔を受け入れやすいのだろう？　ニューロマーケティングが登場するずっと以前の１９９０年代はじめに、その検証を行ったことがある。若い母親の頭と体にセンサーをつけてもらい、表情を少しずつ変えた子どもの顔を見せた。

鼻がやや上向きな顔、満面の笑顔、えくぼのある顔とない顔、瞳の大きい目、顔全体の形も少しずつ変え、特定の行動の誘因となる「**生物学的リリーサー**」として効果的な顔の特徴を明らかにしようとした。ライオンの子どもや子羊、子犬、人間の赤ん坊など多くの動物の子どもには、頭や目が大きすぎるという共通の特徴があるのは、大人が保護したいと強く感じ、子どもたちが危険な幼児期を無事に過ごせるようにするためである。

研究では母親の脳活動とともに心拍数や興奮状況を測定し、視線測定器を使って顔のどの部分を注視しているか、逆に見ていないかを調べ、赤ちゃんの好き嫌いの判断に役立つ瞳孔の大きさも記録した。60人の被験者について調べた結果、赤ちゃんの顔は母親に強い感情を引き起こし、さまざまな効果的な広告に活かせることがわかっている。

「ああ、耳をついて離れない！」——音楽による情動操作

音楽が強大な影響力を持っていることは、広告や音楽の関係者もわかっており、脳科学者による検証も始まっている。

音楽には画像と同じように情動を操作する力があり、状況によっては画像とは比較にならないほどの喜びや恐怖、落胆や興奮のきっかけになる。わかりやすい事例として、パソコンの新たなプログラムの読み込み中を知らせる短い音は、何かが起こっていることを素早く脳に知らせる役割を果たしている。

音楽によってショッピング中の気分や買い回りスピードが変化することは説明したが、ここ

でビールのCMとして効果的な音楽の検証実験について紹介しよう。私たちの研究所は、世界的に有名な（つまり高額な）シンガーソングライターの音楽と無名の（つまり安価な）作曲者による音楽を使ったものへの反応を比較するよう依頼された。それぞれの音楽は複数のCMパターンに録音されている。被験者がCMを見たときの心と体の変化を調べた結果、ほぼすべてのパターンにおいて無名の作曲家による音楽のほうが若干反応がよいことがわかり、クライアント企業は大金を投じる必要がなくなった。

ブランドマネジメントで音楽が重要なのは、音楽を聞けば商品を無意識にイメージできるように仕向けられるからである。ある旋律から消費者がブランドをイメージするようになるプロセスは比較的簡単で、「**強制的音楽連想**」（INMI＝Involuntary Musical Imagery）と呼ばれる。

フィンランドのアールト大学の研究者ラッシー・リーッカネンはこのINMIを「主体的に努力せず音楽の記憶がよみがえる意識体験」と定義し、聞いた音楽が頭の中でしつこく繰り返される「**イヤーワーム**」も同様の現象だと説明している。

現時点で原因は明らかになっていないが、思い出して再認識するプロセスを経験すると、記憶が強固なものになるのではないかと考えられている。何度も繰り返し簡単な旋律を聞いていると、音楽が頭にこびりついて、しばらくは忘れられなくなってしまう。消費者にとっては不快かもしれないが、マーケティングや広告や販売の担当者には美しい旋律である。

最後にモバイル端末を利用した、注目を集めるための新しい音声システムを紹介しておこう。「**イアコン**」と呼ばれる音声を聞けるアイコンで、指定された端末画面にあらわれる。たとえばレストランのイアコンをクリックするとステーキを焼く音、快晴のトロピカルビーチシーンのイアコンをクリックすると静かに打ち寄せる波の音が流れてくる。明らかに効果的な説得者として、そのレストランや旅行代理店に誘っている。

マクドナルドのコピー“I'm lovin' it”がすごいワケ

言葉の力による情動への影響といえば、まず思い浮かぶのは「広告コピー」である。心に激しく訴えかけるような文章でアピールポイントを綴る。だが、心の琴線に触れる言葉をそれほど意識していなくても、心に響くものもある。

催眠術師として知られ、言葉の催眠力に詳しいダン・ジョーンズは、次のように説明してくれた。

感動的な言葉や巧みな表現で購入を誘うブランドは少なくない。感情的な状態は恍惚状態に等しく、記憶は状態に依存するものなので、もし広告によって特定のブランドと現実世界における出来事が結びつくような情動を引き起こせれば、同じ情動を経験するたびに無意識にブランドを想起するようになる。つまり、ある種の自己暗示である。自己暗示を頻繁に繰り返すことによる効果は、エミール・クーエの精神療法で実証されており、「私は一日一日よくなっていっている」という言葉の繰り返しによって実際の病状に改善があらわれている。

マクドナルドのコピー「**"I'm lovin' it"**」（アイムラヴィニット）について考えてみよう。このフレーズは2003年に広告代理店DDBの依頼を受けてポール・ティリーが制作し、20言語以上に翻訳されている。では、**なぜ「"I'm lovin' it"」であって「"You're lovin' it"」ではないのだろう？**

相手に特定の行動を指示すれば、反発につながりかねない。たとえ意識していなくても心理的抵抗を生み、まったく反対の行動をする危険がある。だがテレビCMで「"I'm lovin' it"」というフレーズを聞くと、登場人物の言葉としてとらえるので、スムーズに受け入れやすくなり、頭の中から離れなくなる。キャッチフレーズのように何度も繰り返されると、無意識のうちに自分自身も口ずさむようになる。愛（ｌｏｖｅ）という感情とマクドナルドブランドが結びつき、**「You're」ではなく「I'm」と言われた消費者は自己暗示にかかり、自分自身にマクドナルドを「愛せよ」という指令を発するようになる。**

別の事例では、**消費者の心に基本的なニーズを連想させて購買行動につなげる**ものもある。私たちは**安心、安全でいたい、周囲と親密でいたい、帰属意識を感じたい**と思っている。そのためブランドがそれらの役に立つことをアピールすれば、ブランドの魅力が高まる可能性が高い。

たとえば、イギリスでロードサービスを行うＡＡ（自動車協会）は、「会員への第４の緊急サービス」というコピーでドライバーに安心、安全に対するニーズを思い起こさせている。また、キャドバリーのミルクトレイチョコは「レディーはミルクトレイを大好きだから」というフレーズで大切な人と親しくしていたい、強い絆でつながっていたいというニーズを刺激し、「レディー」好みのちょっとした気の利いたプレゼントとして選んでもらおうとしている。

通常、ブランドのメッセージは具体的ではないので、**だれにでもあてはまる内容になっている**。そのテクニックは「**フォアラー効果**」あるいは「**バーナム効果**」と呼ばれ、占い師の言葉は、具体的で個人的な事実を告げているように聞こえるが、実際は大多数にあてはまる内容なのも同じ効果である。

ブランドのなかには、言葉に〝含み〟を持たせて、微妙な影響を与えている事例もある。明確な表現を避けることで消費者の抵抗を抑えられるのは、操作されている事実を自覚しにくいからである。たとえば、鎮痛剤のアルカセルツァーのテレビCM「Plop《ポチャン》, Plop《ポチャン》, fizz《シュワッ》, fizz《シュワッ》, oh《あぁ》 what a relief it is《ほっとした》」は、だれでも不調なときは気分よくなりたいという気持ちに優しく働きかけている。ただ多くの視聴者が気づいていないのは、「Plop《ポチャン》, Plop《ポチャン》, fizz《シュワッ》, fizz《シュワッ》」という2回の「音」の繰り返しによって、暗に用量を指示している点である。タブレットの服用量を増やすように誘導すれば、当然アルカセルツァーの売上も増加する。

また、アップルストアの販売員が、顧客の抵抗感をやわらげるために「**Feel（共感）ーFelt（同感）ーFound（実感）**」という対処法を教育されていることは紹介したが、もうひとつ別の方法もある。文書の場合も話し言葉の場合も、「**xにはyがある、つまりzです**」と**いう論法で商品を便益に転嫁する**のだ。

たとえば、カメラの販売員が「このレンズは絞り値F1・4、最速シャッタースピードは1万分の1秒です」と説明しても、第5章で説明した内省的思考へのアピールにしかならない。販売員に求められるのは、**その情報が消費者にとって何を意味するかを示すこと**である。

特徴をメリットに言い換えられれば、「衝動的思考」に直接届く。

若い母親が相手であれば、「お子さんの誕生日パーティーで写真を撮っているとしましょう。その場の雰囲気もうまく写したいですよね。そんなときこのF1・4レンズがあれば、フラッシュを使わずにすばらしい1枚を撮影できますよ」と勧める。

相手が父親であれば「息子さんがサッカーチームのメンバーだとしましょう。大事な試合の日は、すべてのプレーを確実に撮影したいですよね。そんなとき最速シャッタースピードが1万分の1秒のこのレンズがあれば、どんなに速いゴールシュートでもシャープな写真が撮れます。望遠レンズをつければ、まるで試合に参加している気分になれますよ」と売り込む。

私たちはストーリーを聞くのが好きなので、カメラ売り場から誕生日パーティー、サッカー場に話を移せば、衝動的思考へのアピールだけでなく、前向きな感情も引き出せる。

実際に便益をアピールする効果を調べるために、さまざまなセールストークを読んだときの脳と体の変化を調べたところ、商品の詳細な説明文よりも便益の説明のほうが例外なく前向きな反応につながり、購入意欲も高まっていた。

ブランド＝プライド

ブランドマネジメントが目指す情動のなかで、何よりも大切なのは「プライド」である。その背景には生物学的理由がある。メキシコ大学の進化心理学教授ジェフリー・ミラーは、次のように説明している。

> 人類は小規模な社会グループのなかで進化してきたので、イメージや地位は生き残るためだけでなく、異性の関心を集め、友人に強烈な印象を与え、子どもを育てるために何よりも重要だった。いまの私たちが自分自身を財やサービスで飾るのは、ものを所有していることを楽しむというよりは、他者へ印象づけるためであり、「物質主義」という言葉は大きな誤解につながる言葉である。

ブランドがどれだけプライド、地位、優越感を感じさせるかは、第1章で紹介したようなファッション通の買い物客が、偽物のブランド品や、本物であったとしても偽造品だと嘘を言われたときの脳の様子を調べればわかる。

品質、見た目、手触りは本物と遜色なくても、有名ブランドの表記がなく、偽物だと認識すれば、脳や体には興奮している様子はまったく見られない。また、ルイ・ヴィトンのバッグやパテックフィリップの時計の精巧にできた偽物を本物として見せると、心身ともに興奮状態になる。ただしコピー商品だとわかれば、すぐに興奮状態は消える。

ここまで説明してきたような情動操作の数々は、隠密に行われているわけではない。意図を感じる言葉づかいや副次的メッセージを込めた画像もあるが、隠そうとしているわけではない。見るほうが探そうと思えば簡単にわかる。だが次章で取り上げるサブリミナル効果は、本人にわからない情動操作として不安がられ、賛否両論を呼んでいる。

第8章

サブリミナルのプライミング効果

「何をどれぐらい購入するかの判断は、慎重な熟慮というより無意識の選択によるものが多い。広告業界はその状況を利用して貪欲な欲求につけこんでいる」

——エリカ・ローゼンバーグ

1957年、6週間にわたって約5万人が知らないうちにマインドコントロールの実験台にされたといわれている。そのニュースを聞いたアメリカ国民は激怒し、メディアも激しく抗議した。だが実際には、実験は行われていなかった。

5年後、当事者のジェームズ・ヴィカリは、業績が芳しくない市場調査会社の誇大広告としての企画だったと告白している。ヴィカリが編み出したと主張する画期的な手法「サブリミナル広告」は、その後40年間、表舞台に出ることはなかった。いまでも心理学者や広告関係者になかには、サブリミナル広告の存在に否定的な意見があり、都市伝説だという声すらある。

だが最近の脳科学では、それらの批判が覆されている。

統計学的に有意なデータが得られない研究や再現性のないもの、実験方法に欠陥のあった検証もあるが、サブリミナル広告による消費者の選好への確かな影響が確認されている。ヴィカリが主張したものより繊細で効果的な「**プライミング**（**条件づけ**）」と呼ばれる効果である。

本章では、サブリミナル広告の過去の経緯について説明し、現在サブリミナル広告がどのように消費生活に広く影響を与えているのかを解説していきたい。

ヴィカリの〝実験〟
──映画『ピクニック』の上映

1957年、ニュージャージー州フォートリーで、恋愛映画『ピクニック』が上映されていた。アカデミー賞6部門の候補だったヒット作である。だが満員の観客たちは、市場調査会社サブリミナル・プロジェクションの経営者ジェームズ・ヴィカリの実験台にされている事実を知らなかった。

ヴィカリ本人の説明によると、観客が視認できないスピードで広告を投影し、広告を見たという意識がないにもかかわらず、潜在意識に影響を与えられるというのだ。映画のなかで、「のどが渇いた？　コカ・コーラを飲みなさい」「お腹がすいた？　ポップコーンを食べなさい」というメッセージを5秒間隔で投影したが、わずか1000分の3秒間だったので観客は気づかなかったそうである。

その手法についての記者発表も行われている。ヴィカリは、50名あまりの記者に対して「サブリミナル・プロジェクション技術は、商品を無意識のニーズや願望に直接アピールできる画期的な広告手法である」と熱く語り、「消費者をしつこいテレビCMや新聞雑誌広告、ラジオCMから解放するためのものだ」と善意を強調した。また、フォートリーでの実験によって、コカ・コーラの売上が18・1%、ポップコーンの売上が58%増加したというデータを示した。ただ、それらの増加率の違いや詳細な実験内容については言及せず、開発した広告手法についても、特許申請中であることを理由に説明を拒否している。

会見場では、コカ・コーラのマークが169回、そのうち3回は視認できるスピードで挿入されている短編カラー映画『Secrets of the Reef(岩礁の秘密)』が上映された。その後、「視聴者が知らないうちに同意もなく意識操作するのは倫理的なのか」と聞かれたヴィカリは、サブリミナル広告の影響力を知ってもらい、その影響を自由に理性的に議論してもらうために記者会見を開いたと説明した。

さらに「操作」という表現は悪意があり、正確ではないと反論した。商品の購入を〝強いている〟わけではなく、〝思い出させている〟のであって、コカ・コーラやポップコーンの購入者は、目に見えないメッセージによって空腹感やのどの渇きを思い出したにすぎない。したがって空腹やのどの渇きを感じていない観客への効果はないと主張した。

会見後、次々とメディアに取り上げられるようになったヴィカリは、「モチベーションコンサルタント」としてサービスを開始し、サブリミナル広告の開発を続けた。広告代理店や大手メーカーの経営者には商品の売上増加を確約し、その手法を売り込んだ。

広告業界は、おそらく大きなチャンスを逃したくないという思いから、ヴィカリと450万ドル、現在の価値にすると2250万ドルの契約を結んだとされている。だが、本当はいくらだったのか、そもそも契約が行われたのかさえ疑問であり、ヴィカリの鮮やかな作り話の証拠だという声もある。

男が地に落ちるまで

いったいジェームズ・ヴィカリとは、どんな人物なのか？　どのような経歴を持ち、どうやって賛否のある評価を受け続けるようになったのか？

ヴィカリは1915年4月30日、ミシガン州デトロイトで生まれた。6歳のときに父親が他界し、家族は経済的に困窮する。本人は「人生最悪の出来事」だったと語っている。

15歳になると、世論調査機関、ギャロップのデトロイトフリープレスフォーラムで雑用係として働きはじめる。6年後のミシガン大学社会学部在学中には、学内に「Bureau of Student Opinion（学生委員会）」を組織。第二次世界大戦後、ジェームズ・M・ヴィカリ社を設立し、ブランドや商品のネーミングの分析を始めている。クライアントには「タイム」誌、フォード、ゼネラルミルズ、コルゲートパルモリーブなど大手企業もあった。

世論調査から各種調査まで、ヴィカリの分析は辛辣で激しい議論を呼び、すぐにメディアの注目を集めるようになる。たとえば女性がケーキを焼くのは「出産の代理」だとか、スーパーで買い物中の女性は「軽い催眠状態になって有頂天だ」という見解の持ち主だった。

つまり、サブリミナル広告実験に関する記者会見の段階では、ヴィカリは有名なリサーチャーであり、人の心を操作する邪悪な人物だと思われていた。会見では多少厳しい意見があるぐらいだったが、数週間もしないうちにヴィカリの評価はみごとに地に落ちる。

厳しい糾弾

サブリミナル広告は「ガトリングによる機関銃の発明以来の危険で非常識なものだ」という記事に続き、ニュースデイ紙では「原爆以来の憂慮すべき発明」、ロサンゼルスタイムズ紙ではヴィカリを「ナチス戦犯に匹敵する悪魔」だと断罪した。「サタデーレビュー」誌の編集長ノーマン・カズンズは、「無意識が汚される」という社説を執筆し、「1984の世界へようこそ」「その手法がポップコーンの販売に通用するのであれば、政治家はどうだろう？　無意識に特定の判断に仕向けられるとすれば、うわさを消したり、流したりするのに使えるはずではないだろうか？」「政治家は次回の核実験に利用すればよい」と強く非難した。

「アメリカ国民を数えきれないほどの広告に追われるような状況から解放する」という言葉どおり、ヴィカリが英雄になるつもりだったとすれば、その思いはすぐに打ち砕かれた。なぜサブリミナル広告がそれほどまでに悪評だったかを理解するには、当時のアメリカの政治情勢を考える必要がある。4年前に終わった朝鮮戦争では数千万人のアメリカ兵が北朝鮮の捕虜になり、アメリカを戦争商人として批判させられ、共産主義の価値観を称賛するように言いくるめられる兵士もいた。それに対して医療や軍事の専門家は、敵国による意図的な心理操作だと訴え、「マインドコントロール」や「思想矯正」という言葉が生まれ、一般に浸透していった。

そのような狂乱状況にあって、ヴィカリの研究はすぐにメディアならびに国民から洗脳の一種、暴政や破壊につながる武器だと受け取られ、オルダス・ハクスリーが1931年に発表したSF小説『すばらしい新世界』のディストピア（ユートピアの逆）にアメリカ社会を変える危険があると考えられた。

翌年に出版された同書の改訂版では、「サブリミナル・プロジェクション手法」がプロパガンダや広告メッセージをまき散らし、「疑わない心を意図的に作り出す強力な手段」に簡単になってしまうと述べられている。

発表から1年もたたないうちに、サブリミナル効果は広告手段というより民主主義をむしばみ、個人の心を自由に操作し、自由を保証するふりをして自由を破壊する手段と見なされるようになった。数週間後には、アメリカ3大ネットワーク局のCBS、NBC、ABCがテレビおよびラジオ番組でのサブリミナル広告の使用禁止を発表している。

1958年6月、ヴィカリは突然ニューヨークから姿を消し、行方がわからなくなってしまう。それから5年後、広告専門誌「アドバタイジング・エイジ」のインタビューを受け、「すべてが嘘で、破綻寸前の会社を救うための策略だった」と告白している。

翌月、イギリスの広告代理店協会は、いかなる広告やプロモーションであってもサブリミナル・メッセージの使用を禁じると加盟会員に通達する。サブリミナル・プロジェクション社は破綻し、明らかなだましテクニックに引き込まれて面目をつぶされた広告会社の経営者たちは、次々とその手法を導入した事実はないと言いはじめるようになった。

古代からあったサブリミナル広告

ヴィカリ本人は、自分が斬新な手法を開発したと思っていたかもしれないが、すでに古代ギリシャ時代に、本人が意識できるかできないかの境（閾《リミナ》）より下《サブ》への刺激、映像、音声が影響を与えるという概念は存在していた。紀元前5世紀、ギリシャの哲学者デモクリトスは、私たちが意識していない情景や音声に作用されているとして「本人は悟っていないが知覚していることが多い」と書き残している。

ヴィカリの直近では、1917年にオーストリアの心理学者オットー・ペッツェルが被験者に風景写真を100分の1秒間見せて、その内容を聞いている。当然ながら見ている時間が短すぎるため、ほとんどが回答できない。そこで再び翌朝、夢について聞いてみる。すると一部の被験者は、前日に見た風景が断片的に夢にあらわれていた。つまり、サブリミナルな情報が無意識に脳に記録され、夢に組み込まれたのだ。

1930年代になると、ハーバード大学の精神科医ジェームズ・M・ミラーの実験によって、きわめておぼろげなイメージがサブリミナルのレベルで認知されることがわかっている。「**超感覚的知覚**（ESP＝Extra-Sensory Perception）」と称する研究で、大型鏡のような仕掛けの前に被験者を座らせ、鏡を見つめてもらう。その間、研究者は別の部屋に移動し、テレパシーでトランプの絵を被験者に送ると説明する。途中、被験者には何のトランプを「送ろうとしているのか」電話で聞く。ただし実際には鏡の後ろから、きわめてぼんやりとトランプを浮かび上がらせ、その画像が本人の意識しないところで知覚されているかどうかを調べている。

結果は仮説のとおり、トランプをプロジェクターで浮かび上がらせると、被験者がトランプを正しく言い当てる確率は格段に高くなり、プロジェクターの電源を切ると、直感で答える確率と変わらなくなった。また、すべての被験者がESPや直感で言い当てたと回答し、トランプの画像が見えたという被験者はいなかった。

そこで2回目の実験では、徐々に画像を鮮明にし、最後はだれでもわかるようにしてみた。ところが被験者の多くは、トランプの画像は想像力によるものだと信じ続け、プロジェクターの存在を知らされると驚いて動揺した。サブリミナルな情報を見せられた被験者の脳には、間違いなく何かが起こっているのだが、何が起こっているのか、何を意味しているのかを調べる脳画像技術の進化までには、その後何年もかかっている。

サブリミナル・メッセージのプライミング効果

では、サブリミナル広告とは、厳密にはどのようなもので、考え方や態度への影響、売上の増加は、どのように検証できるのだろう?

理論的には、本人が見た、聞いたという自覚がなければ、サブリミナルな刺激といえる。**本人の知覚を想定せずに短時間だけ言葉やイメージを呈示し、実際に意識されなければサブリミ**

ナル効果になる。その定義は重要であり、別の広告効果が誤ってサブリミナル効果と見なされる事例が少なくない。

呈示された情報がまったく、あるいはほとんど意識されず、潜在意識に伝わるには、次の4つのパターンがある。

・サブリミナル・メッセージの伝達が早すぎて、意識的に見聞きできない

・スプラリミナル（閾上《いきじょう》、意識の内）・メッセージとして見聞きできる、実際に見聞きされているメッセージ

・別の画像や音声に意識できるメッセージとして埋め込まれ、通常は感情の高揚や動揺につながるもの

・「不注意による見落とし」と呼ばれる心理的影響によって、完全に見えているにもかかわらず気づかない状況

私たちの研究所で行った実験では、被験者に日常生活のサブリミナル画像を100分の1秒だけ見せた。内容は愛らしい子犬、流血の死体など、さまざまである。その後、被験者に人物の画像を見せ、その人物が親しみやすいか、よそよそしいか、歓迎するか、敬遠するか、外交

的か、内向的か、社交的か、社交的でないかなど、評価してもらった。
すると、**サブリミナル画像がプラスイメージの場合のほうが、マイナスイメージの場合にくらべて人物評価は大幅に肯定的**だった。また、これまでの章で説明してきたような方法で脳や身体の変化を検証すると、プラスイメージよりもマイナスイメージの画像のほうが心や体の覚醒が見られた。

身体へのサブリミナル効果は、ユトレヒト大学のヘンク・アーツグループの研究によって実証されている。実験では42名の学生に3種類に分けた単語を5個ずつ短時間見せる。ひとつ目は肉体的労力を要する単語（努力、活発など）、2つ目は肯定的な形容詞（すばらしい、楽しいなど）、3つ目は中立的な副詞（さらに、あちこちになど）である。その後、握力を測定する新しい機器の適性検査に参加してもらうと告げ、コンピュータ画面に「握る」という単語があらわれるとすぐに利き手でグリップを握り、単語が消えるとグリップを離してもらう。

その結果、肉体的労力を要する単語と肯定的な形容詞を〝あらかじめ《プライム》〟見せられていた学生は、画面の指示に対する反応、グリップを握るスピードがともに速く、握力も強かった。

アーツは、**無意識のプライミングが前向きの刺激のときは、いつも以上の力を発揮しようというモチベーションになる**と分析している。画像や言葉がシンボルに変わっても、同様の効果が見られる。スタンフォード大学のロバート・ザイアンスの実験では、被験者に10種類の多角形をそれぞれ1000分の1秒見せた後、そのなかに含まれていたものと含まれていなかったものの組み合わせを作り、どちらを見たことがあると思うか、どちらが好きかを聞いた。結果は、事前にどちらを見たのかわかった被験者はいなかったにもかかわらず、見たことのある形のほうが好きだと回答した。

後で詳しく説明するが、人物の評価、肉体的力の発揮、多角形の見分けは、あまり購買行動と関係ないようだが、それらのサブリミナル効果は購買行動への無意識の影響と深く関連している。ただし、その説明の前に残り3種類のサブリミナル手法として、スプラリミナル・メッセージ、埋め込み、普通の景色にかくされた仕掛けについて解説しよう。

スプラリミナル・メッセージ

2000年のアメリカ大統領選において、ジョージ・W・ブッシュは250万ドルの広告費を投じ、アル・ゴアの提唱していた処方箋薬の給付策が「官僚的すぎる」と批判した。CMでは「官僚的判断」というメッセージがあらわれ、粉々に砕けて散っていく。民主党議員の批判によれば、そこには30分の1秒「クソッ!」という言葉が派手に挿入されていた。長年広告戦略に携わり、そのCM制作責任者だったアレックス・カステリャノスは、有権者に対するサブリミナル効果をねらったものではないと反論し、「単なるアクシデント」によるものであり「そのような試合はしないし、それほど賢明ではない」と説明している。

意図的かどうかにかかわらず、それはサブリミナル・メッセージの事例に〝あてはまらない〟。わずか1カットだけの使用をサブリミナル効果だとする誤解は多いが、一連の動画に1カ所だけ画像や動画を挿入する手法は、正確には、「**スプラリミナル・メッセージ**」と呼ぶ。サブリミナルが潜在意識に働きかけるのに対し、スプラリミナルははっきり知覚できる刺激である。視認が可能で、大統領選のCM事例があるように比較的頻繁に使われている。だが、ほぼ例外なく激しい抗議を受けるため効果的とは思えず、多くの国では禁じられている手法である。

埋め込みメッセージ

読み進める前に、図8・1の絵を注意深く観察してもらいたい。

何が見えるだろう？　初めて見る人の多くは、奇妙な4本の花と答える。

そう見えたとすれば、そのイメージをしっかりと覚えておいてほしい！　元には戻れなくなる別の見え方を教えよう。

この絵には「SEX」という言葉が埋め込まれている。もしわからなければ、左から1本目と2本目の空間をじっくり見ると、「S」という文字があらわれてくるはずだ。続いて2本目と3本目の間には「E」、3本目と4本目の間には「X」がかくれている。

1969年、メディア学の講義をしていた心理学者のウィルソン・ブライアン・キイは、「エスクワイア」誌のイラストにちょっとした違和感があった。ウィルソンにはジャーナリストやマーケットリサーチャー、戦場写真家としての経歴がある。ある対談記事によると、あるはずのない勃起したペニスがブックエンドとしてかくれていたそうだ。それから3カ月かけて研究室内の雑誌などをチェックしたところ、あちこちに「SEX」関連のイメージがかくれていたと言うのである。

その後、ジンが注がれたグラスの氷、ボーイスカウトのユニフォームの折り目など、数多くの広告のなかのセックス行為に関連する言葉を「暴き出し」、広告の写真、画像、スケッチだけでなく映画や映画のポスターのなかに男性の性的衝動をはじめとする感情を高ぶらせるイメージを見つけ出した。それらの目的は、消費者が望んでいない、必要としていないものを買うように仕向けることだと分析されている。

図8.1

『The Secret Sales Pitch（宣伝文句の秘訣）』より
（オーガスト・ブロックの許可を得て転載）

１９７４年に初めての著書として出版された『潜在意識の誘惑』は、そのような陰謀説が人気を集めて数カ月間で約90万部が売れ、キイは一躍有名人となった。１９８４年にはウィリアム・Ｋ・キルボーン、スコット・ペイントン、Ｄ・リドリーがキイの主張を検証している。『潜在意識の誘惑』を読んだ3人は、セックスに関するサブリミナル効果が埋め込まれているとされる全国誌の広告を探し出した。ひとつは、2人のカウボーイが走りぬける大きな岩の間にペニスがかくれているとされるマルボロライトの広告、もうひとつは、ウイスキーボトルの注ぎ口のつけ根に、裸婦の後ろ姿が埋め込まれているとされるシーバスリーガルの広告である。

それらの特徴を修正したうえで、一方のグループにはオリジナルの広告、別のグループには修正した広告を30秒間見せ、指先につけたセンサーで覚醒状態を調べた。すると覚醒度は、オリジナルの広告を見たグループのほうが20％高かった。

だが同様の検証で違いが見られなかったものや、検証手法に欠陥が指摘されたものもあった。つまり、性的内容に限らず、埋め込まれたスプラリミナルな画像や言葉による購買行動への影響については、まだ明確な実証はない。

何の変哲もない景色にかくされた仕掛け

図8・2の6枚のカードから1枚選び、図柄と並び順をしっかり確認してもらいたい。

図8.2　トランプカードテスト――最初のカード

次に226ページのカードをよく見てほしい。するとˎ私が読者の心を読んで最初に選んだカードがわかり、その1枚をカードから排除したと驚くかもしれない。

だが、もちろん私は何もしていない。先に選んだカードがなくなっているのは、〝すべての〟カードが入れ替わっているからだ。1枚だけに注目するように仕向けたのは、ほかのカードへの注意を極力避けるためである。

この実験から、**私たちは注目しているものだけを意識する**傾向があるといえる。

ハーバード大学のダニエル・サイモンとクリストファー・シャブリによる有名な「木を見て森を見ず」実験では、3選手で構成される2チームのビデオを見せる。それぞれのチームは白と黒のウエアを着て、オレンジのボールをパスしている。被験者には、白あるいは黒のウエアを着たチームがパスをした回数を数えてもらう。

試合の途中、ゴリラの着ぐるみを着た女性がどこからともなく登場して数秒間チームに割り込み、胸をたたいて立ち去っていく。だが驚くことに、被験者の**約半数**（**46%**）**はゴリラにまったく気づかない**。私自身も同じ実験を行ってみたが、やはり半数近くがゴリラを見逃していた。パスの回数を数えることに集中しすぎていると、その存在を認識できないのである。

また、サイモンとシャブリによる実験では、黒チームのパスを数えていた被験者のほうがゴリラに気づきやすいという結果も出ている。注目している選手たちとゴリラが視覚的に似ていたので、比較的「見えやすく」なったのである。しかも特徴的なのは、**普通の景色にかくれていたもの**（**あるいは埋め込まれていたもの**）**を一度指摘されると、見えなくできない点**である。おそらく読者はゴリラに気づき、トランプのトリックを見破り、図8・1のSEXという文字を見つけるはずである。

では、不注意で見えていないものが存在するとき、行動への影響はあるのだろうか？

実際に行動への強い影響が確認されている。シカゴ大学のトラヴィス・カーターの研究グループが、アメリカ国旗を短時間呈示し、投票態度や投票意思への影響を検証している。ただし、強力なシンボルである国旗には、あまり注意が向けられていない。実験では、2008年の大統領選の前、政治志向、愛国心、ニュースに接する頻度、さまざまな問題に対する考え方についてオンライン調査を行い、大統領候補（バラク・オバマとジョン・マケイン）と副大統領候補（ジョセフ・バイデンとサラ・ペイリン）への好感度も聞いた。

調査は、わずかに違いのある2種類の手法で行い、一方には微小なアメリカ国旗（72×45画素）を画面左上に挿入した。すると国旗を挿入したパターンの被験者は、共和党を支持する傾向が見られた。オバマ候補の当選から1年後、民主党が上下両院で影響力を持っている段階で、さらに研究は進められた。被験者に研究室で建物の写真を見てもらい、撮影時間を予測してもらう。写真のなかの2枚には、アメリカ国旗が旗竿または建物の正面に掲揚されている。残り2枚からは国旗をデジタル処理で消してある。いずれにしても被験者は国旗に注目していない。

次に、前回実施した調査を簡略化したものに回答してもらう。するとやはり注目しているわけではない国旗によって、右傾化が起こった。しかも1年後に実施した同様のテストでも、国旗による影響は見られた。

ブランド選好と無意識のプライミング

あなたは、ある文字群の小さな変化を見つける実験に参加しているとしよう。狭いスペースに入り、コンピュータ画面に短時間あらわれる文字列を見つめ、たとえば大文字のB列に子文字のbがあらわれる回数を数える。

テストが終わると、塩味の「ドロッピエ」をもらう。オランダでは有名なキャンディで、表面にアルファベットがデザインされている。その文字を舌だけで判別しなければならない。ただし本当の目的は、キャンディの塩味によって、のどの渇きを促すことである。また、別のグループの被験者はキャンディをもらわず、のどの渇き具合を聞かれる。

そして、のどの渇きをいやすためにリプトンアイスかミネラルウォーターのどちらかを選ばされると、リプトンアイスを選ぶ。その選択は本人の自由意志のように思えるが、だまされているところもある。通常のどが渇くとミネラルウォーターのほうが好まれるものだが、何らかの理由で紅茶を選んでいる。

自由に選んだつもりが、実際にはサブリミナル効果だったことに気づいていなかっただけである。文字列をじっと見ているとき、リプトンアイスという言葉が画面上に1000分の23秒点滅していた。その結果、無意識のうちに水ではなく紅茶を選ぶように仕向けられていたのだ。

この実験は、ラドバウド大学ナイメーヘン校社会心理学部のジョアン・C・カレマンズの研究グループが、**効率的で優勢かつ広く普及している選択肢ではなく、別の選択肢を選ぶように脳に条件づけした「プライミング」**の事例である。

先のヴィカリの主張が正当化されたように思えるかもしれないが、2点の注意が必要である。まず、無意識に前もって教え込まれたリプトンアイスは、のどの渇きをいやす商品なので、その商品の選択は道理にかなっている。また、さらに重要なのは、事前の条件づけであるプライミングが有効なのは、すでにのどが渇いている被験者だけで、あまりのどが渇いていない被験者、まったくのどが渇いていない被験者への効果はゼロに近い。

「意識できないこと」の検証

脳画像撮影や脳波計などの技術進化によって、プライミングによる思考への影響は直接調べられるようになってきている。2007年にはロンドン大学認知神経科学研究所のバハドル・バーラミのチームが、**視認できないサブリミナル画像が無意識に心理プロセスに影響を与えている**ことを、初めて心理学的に実証している。本人が画像を見たという意識がないにもかかわらず、瞬間的イメージを脳が記憶していたのである。

実験ではfMRIを使い、後頭葉にある第一次視覚野へのサブリミナル・イメージの影響を調べる。被験者は、文字列のなかからTを探す作業、同じ文字列のなかから白文字Nと青文字Zを探す作業のいずれかを指示され、その間に意識できないようにペンチやアイロンなどの日用品の写真が投影される。

すると最初の作業の場合、1次視覚野はサブリミナル・イメージを認識していたが、2番目の作業では同様の脳活動は確認できなかった。2番目の作業のほうが集中力を要したため、サブリミナル・イメージが排除されたのである。

私たちの研究所では、各種検査機器を導入してサブリミナル広告の消費者行動への影響を調査するとともに、まったく新しい検証手法も開発している。「**潜在的連想テスト**」（IAT = Implicit Association Test）と名づけたその手法は、脳内変化や身体的興奮状況ではなく、プライミングによる反応時間への影響を調べる。

iPhoneとギャラクシーはどちらが革新的か？

19世紀中ごろ、フランシスカス・ドンデルスが認識プロセスの研究や分析を大きく前進させる発見をしている。まず実験では、被験者の左右いずれかへの刺激に対する左手と右手の反応時間を測定する。すると、対応しなければならない手の反対側に刺激があらわれると、反応時間がやや長くなった。つまり、左側からの刺激の場合、左手で対処するより右手で対処するほうが多少時間はかかり、同じように右側からの刺激に左手で対処する反応時間もやや遅かった。

その発見は、現在の代表的ニューロマーケティング手法であるIATのベースになっており、「衝動的思考」として説明した無意識の思考プロセスを、手早く検証するのに役立つ。

たとえば、「人種差別に対する偏見があるか」と聞くと、ほとんどが「ない」と即答する。ただ本当に偏見がない人もいれば、社会的に受け入れられない意見を隠すために意図的に嘘をついている人もいる。ところが大多数が人種差別を否定した答えは、嘘ではなく、意識していないのである。

1998年からスタートした、ハーバード大学を中心としたオンラインでの共同研究「Project Implicit」によるIATでも実証されている(http://implicit.harvard.edu/implicit を参照)。そのテストでは「白人」と「銃」を組み合わせるか、それとも「黒人」と「銃」を組み合わせるか、「白人」と「富」を組み合わせるか、それとも「黒人」と「富」を組み合わせるかなど、簡単な単語をカテゴリー分けする時間を測定する。

2つのアイテムに対する無意識の結びつきが強ければ、それらを組み合わせる時間も早くなり、逆に結びつきが弱ければ、組み合わせに時間がかかる。実際の検証結果によると、残念ながら被験者の多数が無意識に人種的偏見を持っていた。

だが、「偏見のある連想」と「偏見を持つ行動」は、はっきり区別しなければならない。偏見のある連想をするだけであれば、それほど問題ではなく、常に冷静というわけにはいかないかもしれないが、やや感情的になることが多い程度である。

ＩＡＴは多様な検証に用いられ、性別に関する固定観念、自意識、自尊心、避妊、女性の権威、ブランドや商品のイメージ、商品やサービスの潜在的便益が広告によってどれだけ効果的に伝わるかなどが調べられている。


私たちの関わった事例には、サムスンのスマートフォン「ギャラクシー」とアップルの「ｉＰｈｏｎｅ」の広告効果の比較がある。調査参加者に各携帯電話と「革新的・伝統的」、「賢明・愚鈍」、「能率的・非能率的」の組み合わせを考えてもらい、その反応時間を測定した。

また、ギャラクシーの広告を見せるグループと別の商品の広告を見せるグループを作り、再度比較テストを行った。すると、アップルと革新性の連想は弱くなり、サムスンと革新性の連想は変化がなかった。その意味は重要であり、アップルとサムスンの対立と法廷闘争や、最終的にスマートフォン市場での首位の座を奪われたアップルの姿を予見させる。

ＩＡＴでは電極の装着や脳画像の撮影をせずに無意識の思考プロセスを探れるので、まるで研究所のようにインターネットで調査ができる。

買い物客が受けるブランドのプライミング効果

前章で説明したように、ブランド力による購買行動への影響は大きく、本章ではサブリミナル広告やスプラリミナル広告が消費者を特定の行動へ誘うことを確認した。

ブランドは欲望のシンボルであり、洗練度や社会的地位など理想とする自己イメージを表現するものである。そうなると、ブランドのプライミングによって、望ましい自己イメージに近づけ、目標に向かう行動に導く可能性がある。

たとえば、ペプシよりコーラ、サラダよりマクドナルドのハッピーセットを選ぶように前もって条件づけすることも可能である。マクドナルドのロゴ「ゴールデンアーチ」のようなファストフードのシンボルは、食事を早く終わらせ、せっかちにするプライミング効果も実証されている。また、クレジットカードのマークが目立たないように表示されていると、出費額を増やすプライミングになる。同様に広告やマーケティングによるプライミングは数多く存在し、消費者の態度、感情、行動を左右している。

図8.2　トランプカードテスト——2番目のカード

（217ページ参照）

その事実は消費者にとって大きな問題である。ショッピングにおける自由な選択や想像もつかない行動というものが存在しなくなる。どれだけ自由に主体的な行動をしていると信じようとしても、**実際には無意識にブランドのプライミングに支配されている**のである。幸いにもその現実を自覚していないが、私たちの購入判断や商品の選択は決められている。

次章では、あらゆる場所にそのために仕組みがあふれ、巧妙にかくされている実態を見ていきたい。

第9章

テレビがあなたを観ている

「広告は、人々の態度、価値観、思想傾向、さらに社会の規範や迷信まで創りあげて根づかせる。ある態度や価値観が広く受け入れられるか、完全に否定されるかを左右するのは広告である」

——ジーン・キルボーン

家でテレビを観ていると、テレビからも観られている家庭がある。謝礼を受け取って、テレビ内部や付属機器にカメラを取りつけることを承認し、どんな番組を観ているのか、さらに〝どのように〟観ているかを記録している。

どれぐらいの頻度でチャンネルを変えるのか、CMが始まるとそのまま観ているのか、チャンネルを変えるのか、番組中は何をしているのか。視聴者の行動は、会話、身振り手振りの反応、間食や食事、読書、別の部屋への移動、抱擁、ゲーム、リモコン争い、セックスまで実にさまざまである。それらすべてが分析され、番組制作会社や広告会社に詳細な視聴者行動データとして提供されている。

私たちの研究所が行っている同様の調査では、携帯電話に装着したカメラからリアルタイムで画像を送信する仕組みになっているので、新番組や新CMの評価をすぐにテレビ局に報告できる。必要な場合は、番組中の脳活動、心拍数、皮膚伝導、身体的な動作、まばたき、姿勢変化を調査し、見聞きした内容に対する無意識の反応も探る。

巨額の番組制作費や広告費を考えれば、広告代理店やクライアント企業にリスクのある選択は許されず、CMが費用対効果を発揮して確実に売上に結びついているという信頼できる科学的証拠が必要なのである。

部屋の片隅にある「箱」の持つパワー

90歳になるスコットランドの発明家ジョン・ロジー・ベアードによるテレビの発明によって、社会の習慣が変わり、小売業界に革命が起こり、私たちの考え方まで一新された。

21世紀になって脳科学や脳画像の研究が進むと、テレビによる日常生活や購入判断、消費パターンへの影響力は強まりを見せている。画像や音声に対する視聴者の反応を秒単位で分析し、CMを微調整すれば説得力を高められる。そのための修正はきわめて軽微なもので、特定箇所の色変更、声の調節、わずかな言葉の追加や削除、BGMの変更などにすぎない。

私自身は、職業上だけでなく個人的にもテレビの威力に関心を持っている。1920年代終わりの18歳のとき、ダンサーとして世界初のテレビ番組に出演した母から、ベアード本人がスタジオにやって来て、落ち着かない様子でスタッフに紅茶をふるまっていた様子を聞いたこともある。当時は小さな画面のコントラストを強調するため、奇妙な色のメークをしなければならず、画像作りのために白黒ストライプの背景の前で「スキャン」されながらバランスを取るのが難しかったそうだ。

いまやそのメディアが広く普及し、圧倒的な影響力を持っている。テレビCMによって大人気になるブランドもあれば、ほかと遜色ないにもかかわらず人気を得られないブランドもある。また、社会情勢を作り、人々の態度を変え、世論を形成し、選択を操作する。人々の日常生活に完全に溶け込み、空気のような存在でありながら揺るぎない影響力を持っている。

しかも現在の視聴者は、いつでも、どこでも娯楽や情報を求め、コンピュータやタブレット端末、スマートフォンに向かい、テレビ番組にあわせて情報を得るのではなく、視聴者の都合次第で番組を観るようになっている。

テレビは、ここまで説明してきたあらゆる手法で視聴者の反応に影響を与えているので、究極の「かくれた説得者」としての影響力を持つようになった経緯について説明しておこう。

テレビが作る「視聴者の世界観」

アメリカ国内では9200万世帯（全体の98％）がテレビを所有し、80％が2台以上所有している。ほかの先進諸国も同様であり、新興国でも急速に普及が進んでいる。中国の場合、1980

年代の大都市圏のテレビの普及は、文化大革命に次ぐ出来事として歓迎され、いまでは都市部の各家庭がテレビを持つようになった。

エリクソンの消費者研究所の調査によると、現在の娯楽時間の3分の1はテレビ番組の視聴に費やされている。アメリカでは1日平均約7時間、人生に換算すると20年間、イギリスでは1日平均約4・5時間、人生の13年前後をテレビの前で過ごしていることになる。全世界で考えれば、1日あたり5億台のテレビで延べ35億時間の番組を観ている。

そうなると、子どもにとってテレビ番組やCMは、学校、宗教、さらに親以上に大切な存在であり、強大な影響力を持っているとしても不思議ではない。だが、社会を変えるほどのテレビの力が認識され、調査が始まったのは20年前にすぎない。しかも最近では、技術の進化によってスマートフォンやインターネットでのテレビ番組の視聴が可能になり、これまでの視聴スタイルに変化が生じている。

アクセンチュアが行った調査によると、テレビ放送やケーブルテレビを日常的に観ると答えた割合は、2009年の71％から2011年には48％に低下している。また、ブラジル、中国、フランス、ドイツ、インド、日本、ロシア、南アフリカ、スウェーデン、アメリカの1000人を対象に行ったアンケート調査では、1年以内にテレビを購入する予定だと答えた割合は、2010年の35％から2011年には32％に減少している。だからといって突然テレビやビデオを見なくなり、本を読み、ラジオを聞くようになっているわけではないが、これまでとはテレビを観る場所が変わり、スマートフォンやパソコンや携帯端末などを利用するようになっている。

そこでの視聴者争奪戦では、クラウドコンピューティングも視聴者行動に影響する。アクセンチュアの調査データによると、半数以上がオンラインサービスやクラウドへの移行を進めており、レンタルビデオの利用やDVDの購入をしなくなった、あるいはほとんどしなくなった回答者が30％あまり、オンラインでゲームを楽しんでいる回答者が約40％、オンラインでコンテンツをストリーミングしている回答者が約30％を数える。これまでのテレビ番組にオンラインサービスが加わり、テレビとコンピュータの垣根が低くなっている状況については、次章で詳しく取り上げる。

テレビの世界が現実になった世界

映画『チャンス』（1979年公開）は、知的障害のある庭師、チャンスが、風変わりな大富豪の邸宅に住み込みで働き、テレビによる知識がすべてというストーリーである。当主の死後、退去を命じられ、行くあてもなくワシントンをさまよい歩く主人公は、すべての出来事がテレビの内容だと思い込む。

この風刺映画は、テレビに依存しすぎた人々の世界観を描いている。ジョージ・ガーブナーが提唱した「**カルティベーション《培養》理論**」によると、テレビ番組の型どおりで様式化されたストーリーに、過度に感化された状態である。ドラマ、CM、ニュース番組などが、画一的なイメージやメッセージを各家庭に運び、それに近い世界観を生み出しており、幼い子どもの性格や好みの形成もテレビが担う傾向が強まっていると分析されている。

実際には**現実ではない「画面上の現実」に毎日何時間も向き合い、常にテレビがついている環境にあれば**（**自宅という快適性や安心感の演出**）、**衝動的思考に変化し、理論的になれない**。その結果、テレビ番組の歪曲された内容を現実だとして受け入れやすくなる。

まったく面識がないにもかかわらず、テレビ番組で見かけた人物を「知っている」と本気で信じている視聴者も少なくない。どのような生活をしているのか、どのようなものを所有しているのか、どのような商品を購入しているのか、それらの疑似知識をもとに期待を抱き、満足し、モチベーションや希望につなげる。セントルイス大学のウォルター・オング教授は、次のように解説している。

私たちは自覚していないが、直接的な経験から得ている情報はきわめて少なく、他者やマスメディアを通じて間接的に手にする情報がほとんどである。そのため世界観の形成にも他者による影響が甚大である。日常生活で直接経験しなくても場所や出来事を知ることができるようになるにつれて、自分が何を知っているのかわからなくなっている。

カリフォルニア大学サンタクルーズ校のアンソニー・プラトカニスとエリオット・アロンソンは、著著『プロパガンダ』で次のように問題提起している。

なぜ、マスメディアで描かれる世界には、強い説得力があるのだろう？　私たちが疑問を抱くのは例外的であり、「なぜこのニュースが取り上げられているのだろう」と考えたりしないものだ。

自宅に届けられるテレビ映像は、現実の姿だと当然のように受け入れている。受け入れてしまえば、それを基準に問題の重要性や社会に対する見方も決めてしまう。

データによる裏づけもある。1日4時間以上テレビを観ている人は、テレビを観る時間が大幅に少ない人との意見差が大きい。

たとえば、犯罪や暴力行為、アルコールやドラッグ中毒、売春が蔓延していると信じ、人種差別的傾向があり、医者や弁護士やスポーツ選手は実数より多いと考えている。また、男性にくらべて女性は能力が劣り、20年前にくらべて高齢者の人数は減少し、健康状態も悪いと誤解している。さらに、社会は危険で悪意にあふれ、身勝手な世界だと考えがちである。

スタンフォード大学のシャント・リーエンガーとミシガン大学のドナルド・キンダーの共同研究では、1週間のニュース番組における「世論操作」について検証している。ニューステーマとして取り上げられていたのは、アメリカの防衛力の弱さ、公害、経済の順だった。被験者には3つのテーマのうちひとつだけを観てもらい、それらのテーマに対する見方、意見、態度を1週間後に調査した。すると事前の予想どおり、ニュースとして観たテーマを緊急の重要課題と見なす傾向があった。

テレビは究極のセールスマシーン!?

インターネットやオンライン・ショッピングが登場するまで、テレビによる販売スピードと販売効率は何よりも優れていた。世界初のケーブルテレビショッピング、ホームショッピングネットワーク（後にHSNと改称）は、1981年にローレル・パクソンが設立し、9年後には24時間体制となり、6400万世帯に利用されるようになる。

広告と娯楽を組み合わせた「アドバテインメント」としての役割を果たし、視聴者はキュービックジルコニアなどの安っぽい宝飾品、衣料品、台所用品、玩具、コンピュータなどを購入できた。分厚いカタログをめくり、申込書を記入して投函し、商品が到着するまでに1週間以上も待つ必要がなくなり、受話器を取ってダイヤルすればよくなった。いまでは簡単なリモコン操作やコンピュータのマウス操作で買い物は完了し、通販大手2社HSNとQVCの年間売上は100億ドルを上回っている。

テレビは、広告やプロダクト・プレイスメント（番組中に商品やサービスを登場させて消費者に認知させる手法）によって特定の商品の販売に寄与するだけでなく、著名人が特定のブランドを使用している様子を放映し、消費文化の牽引役にもなっている。番組で裕福な消費者が繰り返し放送されると、長時間テレビを観ている消費者は、実際よりも社会が豊かで、だれもが裕福な生活ができると思うようになる。後で説明するが、そのような**誤った認識は、2歳前後のリモコンを操作するような年齢から、何度も脳に植えつけられていく。**

広告やテレビ番組のなかには、意図的に視聴者が登場人物に対して劣等感を抱いたり、ほかの商品や人物に欠点があるように思わせたりするものも多い。

たとえば、魅力的な女性モデルを起用した香水の広告を見ると、本人の容姿への満足度が低下する。ある研究では、セクシーな女性が登場するテレビ番組「チャーリーズ・エンジェル」を観た男性は、観る前にくらべてお見合いに関心がないと答えている。

そのようなテレビによって作り上げられる不安感や自信の喪失を利用して、**「攻撃と救助」という販売テクニック**が用いられて、**消費者に辛さを感じさせてから商品購入による救いの手を差し伸べる**。次回ＣＭを見るときには、内容が商品やサービスであろうと、政党のアピールであろうと、その戦略が多用されている状況を確認してほしい。

社会を正確に描き出しているとはいえないテレビだが、メディアとして広く普及し、説得力も高い。しかも本当に幸せになり、社会から受け入れられ、恋愛で成功するには、購入と消費を続ける必要があるという考えを繰り返して訴えかけている。その影響は、テレビを観はじめた瞬間から始まる。

「ああ、己の運命も知らず、若い犠牲者たちは戯れる」

19世紀の詩人トマス・グレイによる「イートン校を遠望する抒情詩」のこの一節は、皮肉にも成長期をテレビとともに過ごしてきたテレビ世代にあてはまる。

心理学者ジョン・ブローダス・ワトソンも、著書『行動主義の心理学』において次のように断言している。

何人か子どもを預かり、独自の方法で育てるとすれば、どんな子どもであっても、私が選んだ専門領域に長けた人材にしてみせる。本人の才能、趣味、性格、能力、適性、人種は関係ない。

まさに若者をターゲットにするビジネスの思惑である。ただしテレビは、若者たちのキャリアよりも熱心な消費者に育てることに関心がある。子どもや未成年者に対するテレビの説得力は、比類なく強力である。

アメリカ国内の8歳から13歳の子どもは、1日約3・5時間テレビの前に座り、年間4万前後のCMを見ている。10年前のデータだが、「キッズマーケティングの第一人者」とされるテキサスA&M大学のジェームズ・マクニール教授の推計によると、子どもをターゲットとした広告ならびにマーケティング費は150億ドルである。

一般的に**アメリカの子どもは、18カ月でブランドロゴを認識し、3歳になるとブランドで商品を選ぶようになり、3〜4歳になるとブランドが個人のかっこよさ、強さ、賢さを表現していると信じはじめる**という見解もある。

通学年齢になれば数百ものブランド名を覚え、女児が6歳ごろになると最新ファッションを欲しがり、マニキュアを塗り、ポップソングに詳しくなる。一方、男児は8歳ごろになるとビールのCMがお気に入りになり、凶暴なビデオゲームを始める。そのように子どもたちが大人の習慣や嗜好を身につけるのは、ほかでもないテレビCMの説得力に原因がある。

子どもの脳をターゲットにした広告戦略

子どもをターゲットにした広告戦略には、すでに広く心理学が取り入れられ、脳科学の応用も増えてきている。CMの制作、照明、画像、音楽、編集も子どもたちの感性や認知力に最大限配慮されている。ジャーナリストのエリック・クラークは、著書『The Real Toy Story（リアル・トイ・ストーリー）』で次のように分析している。

女児と男児ではアピールの仕方が違う。女児が好きなのは、軽快な音楽、女性の声、パステルカラー、優しい画像、男児が好むのは、大胆な音楽、迫力ある声、強いイメージや色彩である。

おもちゃのCMは、子どもの関心を最大限高めるように撮影されている。たとえば人形の場合、子どもに人形への愛着を感じさせるため、まず人形がカメラ目線で、テレビの向こうの子どもを見つめるシーンからスタートする。また、人形の頭や目は大きく、手足がずんぐりした体形で、第6章で説明した生物学的な「世話をしたいと思わせる」効果をねらっている。ここでは「あなたの友達になりたいの。あなたと遊びたいの」というメッセージが込められているのである。

男児向けのCMでは、攻撃的な行動が受け入れられやすく、商品の売上にもつながるので、戦闘や暴力シーンが使われる。CMディレクターのレオ・ザーンも攻撃や破壊シーンの多用を認めている。そのためにCMシーンを短く切ってスピード感を演出し、アクションや男らしさを強調する。

色彩も子どもたちの好みにあわせて明るい色が選ばれ、繊細な落ち着いた色調はほとんど見かけない。ほかにもストップモーション、コンピュータグラフィックなどの映画技術を駆使し、おもちゃが生きているように表情や動きを作る。

「クールであること」の重要性

思春期になると、市場で「クール」とされていることを追うのに、常にプレッシャーを感じているといわれる。多くの若者にとって思春期は、自信が持てず不安な時期であり、なかでも女性はその傾向が強い。脳が十分に成熟するまでの20代前半までは、社会のルールや価値観を学び、夢を抱いて自我を形成しようと懸命である。そのため不安を感じ、仲間からのプレッシャーに弱く、ＣＭの戦略にも慣れておらず、テレビＣＭの影響を最も強く受ける時期でもある。

広告業界は、**10代独自の不安感や仲間意識に注目**しており、メディア側の経営陣であるナンシー・シャレクは、次のように語っている。


何よりも広告に求められるのは、商品を持っていなければ敗者だと思わせる仕組みである。

子どもたちはその作戦に弱い。商品を直接売り込んでも受け入れてもらいにくいが、持っていなければ時代遅れだとアピールすると関心を持ってもらえる。感情的な弱さを攻撃すれば、簡単に子どもは作戦にひっかかる。

うまくいくのだろうか？　もちろん！　倫理的だろうか？　それは自己判断！

エール大学のジェニファー・ハリスの研究グループは、食品のテレビCMによる子どもの食事行動への影響を調べている。7歳から11歳までの118人の被験者を2つのグループに分け、一方には食品の30秒CMが4回挿入されるアニメ、他方にはCMのないアニメを観てもらう。CMは、甘すぎるシリアル、シロップでコーティングされたスティックワッフル、フルーツチューイングキャンディ、ポテトチップスなど「**栄養価が低く、楽しく幸せそうなメッセージの込められた商品で、子ども向けテレビ番組でよく見かけるもの**」を選んだとされている。

番組中、両方のグループにチーズクラッカー（150g）を渡し、欲しければ食べてもよいと指示をする。番組終了後、残った量を計測すると、事前の予想どおり、**CMを見た子どもが見ていない子どもの約1・5倍**（**45％増**）**のクラッカーを食べていた。**次に大人を対象に同様の実験を行ったところ、同じような結果になった。ハリスは次のように分析している。

食品の広告は間食を促し、楽しさ、幸福感、興奮を高める。つまり子ども向けのＣＭは、食品摂取に直結する。その効果は被験者の事前の空腹感とは関係がなく、食品の広告を見た被験者の摂取量と事前の空腹感には相関性がまったくなかった。

近年、行政の働きかけもあり、脂肪分や糖分を多く含む食品の子ども向け広告は減少傾向にある。親や栄養士には吉報だが、次章で説明するように、それらの広告がモバイル端末に移行しているというマイナス面もある。そうなると広告の影響力が強くなるだけでなく、親や栄養士たちが制御できない。

いまテレビＣＭによる個人の行動や社会的な環境への影響を考えるとき、注目すべきなのは最大限説得力を持たせるように、ターゲットにあわせて内容を微調整したＣＭ手法である。そこでも脳科学の知見が力を発揮しつつある。

無意識の学習

長年、広告の認知ならびに効果の検証は、消費者に「広告を見たことがあるか」を聞くだけで行われ、その回答が広告会社やクライアント企業にとっての重要なデータだった。

それが妥当だとすれば、視聴者はCMに注目し、そのブランドについての知識を長期的な記憶に変化させなければならない。世界的に有名なマーケティングの教科書を執筆したフィリップ・コトラーも、「広告会社の役割は〝高邁な考え〟を広告の形に変え、ターゲット市場の注目と関心を集めることだ」と著書で述べている。

だが、本当にそうだろうか？　視聴者はテレビCMを意識的に見て、ブランド名を思い出し、その商品を買おうと思っているのだろうか？

後で説明するが、そうではない。ではテレビの視聴者は、放送されている内容をいつまでも認識しているのだろうか？　やはりそうではない。

アメリカの心理学者、ハーバート・クルーグマンがテレビを観ている女性の脳を調べた結果、読書中とは異なる脳活動が確認されている。テレビの前にいるときは、ゆっくりとしたアルファ波があらわれるリラックス状態だが、雑誌を読みはじめると、緊張感をあらわす速いベータ波に変わる。同様の結果は、複数の研究でも確認されている。

1978年に出版されたジェリー・マンダーの『テレビ・危険なメディア』によると、番組の内容はともかく、**ただテレビを観ていると催眠状態に近くなる**。いつもテレビを観るのが薄暗がりで、同じ場所で長時間じっと見続けていると、催眠は深まる。筋肉はリラックス状態で、心拍数や呼吸数が低下するという催眠導入状態が、現実の世界とは似ているが異なるテレビの視聴によって起こるのである。マンダーの説明によると、外部から隔離された閉鎖空間のほうが催眠状態は起こりやすい。

近年、テレビ番組は、移動しながらスマートフォン、携帯端末、コンピュータで観るスタイルになっているので、視聴者の実際の心理状態は把握されていない。本稿執筆時点で私の知る限り、そのスタイルでの脳波記録もない。だがCMを見る環境は忙しく、騒々しいため高い注意力が求められる状況を考えれば、多数のCMに最大限の注意を払っている可能性はかなり低い。したがって広告会社やクライアント企業が作らなければならない広告は、視聴者の散漫な注意力や無関心をこっそりくぐり抜け、脳にたどりついてショッピング行動に影響を与えるようなものである。

やはりそうなるとニューロマーケティングの出番だ。具体的な手法を説明する前に、広告効果を高めるには、どれぐらい意識的な注目や認知が必要なのかを考えたい。

注目と記憶、そして広告の認知の関係

消費者が意識的に見ていなくても、広告を覚えているという驚くべき事実を最初に報告したのは、アメリカの心理学者ウォルター・ディル・スコットであり、100年以上前だった。**ある女性が、毎日の通勤に利用する電車で「見たことがない」と言う複数の広告を、頭ではわかっていて、それらの商品をきわめて高く評価していた**のである。

そのような事象が起こり、現在のテレビ視聴者が、注目していないテレビCMを同じように自覚して影響を受ける背景には、「**潜在学習**」と呼ばれるプロセスがある。潜在学習が可能なのは、私たちが内容を自覚していない「潜在記憶」を持っているためである。広告効果の検証では、次の3点の理由から、顕在記憶（意識的記憶）よりも潜在記憶（無意識の記憶）のほうが有効だといえる。

・記憶期間が圧倒的に長い
・記憶のキャパシティが大きい
・広告に対する注目度に左右されない

だが、本人が学習したことを記憶していなければ、顕在学習と潜在学習の区別ができない。犬は注意していると耳を立てるが、人間には注意していることを示す信頼できる非言語サインがない。

ニューロマーケティングの一般的手法である「視線測定」を用い、広告のどの部分をどれだけの時間見ていたかを調べても、必ずしも注意を払っていたとは言い切れない。前章でも実証したとおり、目に映っているものにまったく注意を向けない状態で、別のものを見ることも可能なのである。

脳画像を用いた研究では、物事が起こっているときの精神状態を調べられるので、そのような課題を克服しつつある。実際に現在のニューロマーケティングでは、重要な指標のひとつである被験者の注目度を、被験者本人からの申告ではなく、脳活動の変化から判断している。同じ手法によるデータは、テレビCMの効果指標である関心度として採用されつつある。

強く心を動かすと、購入につながる

効果的な広告には3つの要件がある。「**本人にとって意味があること**」「**文化的に適正であること**」そしておそらく何よりも重要なのは、「**心が温まり前向きな感情を生むこと**」である。

ブランドの説得力に情動が欠かせないのは、強い心の動きが購入判断につながるためだが、本人が意識していないのに感情が簡単に操作されることは、科学的にも実証されている。

CM視聴者を心温まる前向きな気持ちにさせる手法として多用されるのは、かわいい子どもや愛らしい動物のような訴えかける画像である。アピールしたいブランドと直接関係がなくても、その効果は示されている。

オークランド大学のジョン・キムの研究グループが、架空のピザショップのロゴに子猫のクローズアップを組み合わせたところ、両者に論理的なつながりはないにもかかわらず、CM視聴者は前向きな態度になり、ピザショップへの好感度も上昇した。

もちろん画像は、広告主の求める訴求イメージによって変わる。セクシーなイメージには魅力的で露出度の高いモデルを起用し、圧倒するには壮大な景観、たくましい男らしさを前面に出すには無骨なカウボーイ、洗練された香水には柔らかいドレープを使う。

繰り返し流すCMは有効か？

ブランド名を印象づけるには、継続的な繰り返しも有効である。

疲れ果ててテレビの前に座っていると、おなじみの洗剤やシャンプーのCMが何度も繰り返し流れ、なぜだろうと思った経験があるかもしれない。30分番組の間に同じCMを3回放送しても、視聴者が商品を購入するように説得できるわけでもなく、費用の無駄であることは広告会社もわかっているはずだ。実際に、見飽きたCMを繰り返し見せられてイライラするという視聴者からの苦情は、日常的に数多く寄せられる。

クライアント企業の立場からすると、何度もCMが放映されれば、伝えたいメッセージがターゲット層に複数回、重層的にも伝わる。広告会社がやはりCMの繰り返しを好むのは、メディア費の手数料収入があるので、露出回数が増えれば手数料も増えるからである。しかもCM制作費は巨額で、放映される時間の番組制作費を上回る事例も少なくないので、何度も放映すればコスト効果も上がる。

だが、企業が、視聴者の我慢の限界を越えても、同じ、あるいはわずかに変更したCMを繰り返し見せる戦略には、さらに決定的な理由がある。**説得力はほとんど生まれないが、かなり効果的**なのである。

ブランドや考えに繰り返し接すれば、影響を受けて操作されることは、従来から認識されていた。第1章でも紹介したPRの第一人者であるエドワード・バーネイズは、その手法で第一次世界大戦に対するアメリカ国民の支持を形成し、1930年代にはナチスのプロパガンダ責任者だったヨーゼフ・ゲッベルスが、国民は頻繁に耳にする情報を真実として受け入れると考えた。1960年代、ミシガン大学の社会心理学者ロバート・ザイアンスの研究では、**慣れた刺激のほうが前向きにとらえられる**事実を確認している。

研究のきっかけは、日常会話において否定的な言葉よりも肯定的な言葉のほうが使われる頻度が高いというデータだった。英語100万語を無作為抽出して調べると、「good」が5122回に対して「bad」は1001回、「ugly《見苦しい》」が178回に対して「pretty」は1195回、「off」3644回に対して「on」は3万224回、「last」3517回に対して「first」は5154回という使用頻度になっていた。

そこで、2組のグループに、無意味な漢字を見せて形容詞だと説明し、肯定的な意味だと思うか、それとも否定的な意味だと思うかを聞いた。すると事前の予想どおり、事前に漢字を何度も見ていたグループのほうが、見ていなかったグループよりも圧倒的に肯定的な意味だと回答した。

また、19世紀の2人の学者、グスタフ・フェヒナーとエドワード・B・ティチェナーが提唱した「**ぬくもり感**」という、何か親しみのあるものの存在にともなう感情についても検証している。過去に見た経験のあるシンボルを見せられた被験者は、見た経験のないシンボルを見せられた被験者にくらべて「希望」を持ち、人生を前向きにとらえる傾向があった。

ザイアンスの分析によれば、私たちは**目にした頻度の高い商品やスタイルに好感を抱き、実際に使った経験の有無はイメージに影響しない**。興味深いのは、ザイアンスの研究からサブリミナルな呈示による同様の効果も実証されている点であり、**本人の意識に関係なく目にするだけで効果が期待できる**のである。

では、視聴者がCMの繰り返しにイライラし、「使い古し」だと批判を受ける事態を避け、CMを確実に「浸透」させるには、どれぐらい繰り返すべきなのだろう?

心理学者のハーバート・クルーグマンは、最低3回の繰り返しが必要だと考えていたが、最近の研究では広告の〝タイプ〟によって異なるとされている。カリフォルニア大学のコニー・ペヒマン教授とロヨラメリーマウント大学のデイビッド・スチュアートの共同研究の結果、内容理解が必要な広告にくらべて感情に訴える広告は、それほど繰り返しが必要ではないとわかっている。

すなわち、無意識の思考プロセスに関係する広告は、意識的な反芻や熟慮が求められる広告よりも受け入れられやすく、効果的なのだ。さらに、テレビCMの主要効果指標になるのは、注目、記憶、情動だといえる。

だが繰り返しになるが、**視聴者にどれぐらい注意を払っていたか、どれぐらい正確に思い出せるか、どれぐらいの情動を経験したかをインタビューしても意味がない**。視聴者が答えたがらないのではなく、答えられないからだ。私たちの認知の多くは無意識になされているというのが、認知心理学者の見解である。

「衝撃」と視聴者の注目度

一般的なテレビCM中の視聴者の注目度を分析すると、何度か「**ジョルト**（**衝撃**）」と呼ばれる急上昇が起こる。30秒CMであれば24回、画面やカメラアングルの変化、突然の音声など視聴者の思考が中断されるさまざまな要素によって生じる。視聴者は画像や音声を確認するため、やむなく注意を払うことになる。脳科学では「**定位反応**」（OR＝Orientation Response）と呼ばれ、環境変化に対する生まれつきの条件反射に相当する。

ORによって、人は特定の環境に注目し、集中する。生き残りのための原始的な「闘争、逃亡、不動」のメカニズムの一種であり、脊髄の上部、中脳で起こる。つまり、**何か予想外で経験のない危険を感じさせる事態に気づくと、無意識に作動する。**実世界で想定外の場面に出会うと定位反応が起こるように、人工的に挿入された見慣れない場面にも同様に反応する。テレビCMは継続的に脳内にORを生み出し、潜在的注意を集め、潜在的想起を促している。

近年、画面変化のなかでも見慣れない場面が次々とあらわれるスピーディーなものが急激に増加傾向にある。10年前にくらべると1ショットの「平均持続時間」は半分になり、ショット数は2倍に増加している。その結果、テレビとともに成長した世代は、テレビが普及する前に生まれた私たちのような世代にくらべて、映像に慣れている。だが一方、次々と移り変わる画面に慣れている弊害として、**若年層の集中力持続時間が低下**し、欧米共通の課題になっている。

1980年代、私が9歳から12歳までの子どもを対象に行った研究では、集中力が途切れるとビデオが止まるように指先にセンサーを装着し、快適なアームチェアに座って大人気のアニメを観てもらった。すると平均的な集中力持続時間は15分であり、それ以上になると集中力が低下し、ビデオは停止した。２０１１年にも再度同様の実験を行ったところ、集中力の持続時間はわずか７分になっていた。

この章では、テレビによる社会や消費者への強い影響について検証してきたが、次章ではモバイルマーケティングによる売上や販売手法の変化について考えていきたい。

第10章

モバイルメディアのマーケティング力

「ソーシャルメディアやモバイルチャネルでのコミュニケーションに従来の手法はまったく通用しない。消費者は、企業側をしのぐ情報を手に入れ、企業側からのメッセージの真偽を精査している。何の疑いもなく受け入れられるわけではないと思ったほうがよい」

——スティーブ・スミス

2010年1月27日に行われたiPad発売の記者会見で、スティーブ・ジョブズは〝もしかしたら〟これはいけるかもしれないと予想した。

だが実際は、その言葉をはるかに超える事態になる。発売から3年で世界各国での販売台数は2億台を超え、その後5年間でさらに10億台が販売される見込みとなった。そのiPadをはじめとするタブレット端末の登場は、商品やサービスの販売方法を劇的に変えている。

ABIリサーチ社の報告によると、タブレット端末所有者のうち、1カ月あたりの商品購入額が5000円以上の割合が約25%、約1万円の割合が10%となっている。「衝動買いが増えている」というデータもあり、グーグルとニールセンが実施した「モバイル端末による検索行動に関する調査」では、全体の70%近くは検索してから1時間以内に次の行動に移っており、商品を購入したのが28%、電話による問い合わせや店への来訪は全体の半数以上の55%を占めていた。

現在120億ドルのモバイル端末による年間売上も、2017年には310億ドル以上に増加する見込みである。

さまざまな会合でも、モバイル端末の普及によって**情報にあふれた疑い深い「つながり世代」**が誕生し、広告やマーケティングが抜本的に変化し、これからも変化を続けるという声を聞く。

「スマホが親友」の10のメリット

モバイル端末、なかでもスマートフォンを持つと、「手放せなくなる」という状況は実証されており、「常に手放せない」「自宅に忘れると取りに戻る」という報告もある。

モバイル端末がそれほど信頼できる友人であり、助言者であるとすれば、営業担当の人間にくらべて何が優れているのだろう？　私たちの調査からは、次の10点のメリットが明らかになっている。

①豊富な知識

モバイル端末は膨大なデータを保管、入手、操作できるので、商品そのものだけでなくユーザーについてもあらゆる「知識」にアクセスできる。

②信頼できる推薦内容

複雑な因果関係を推論する「**ベイジアンネットワーク**」や、ユーザーの嗜好情報を蓄積し、特定の利用者の嗜好を推論する「**協調フィルタリング**」などを駆使し、本人が購入しそうな商品を予測して推薦してくれる。典型事例がアマゾンであり、過去の購入履歴に応じておすすめの書籍、音楽、各種商品をユーザーに紹介している。

③迅速な対応

消費者は1〜2回の作業、便利な場合は1回だけの手続きで簡単に買い物ができる。当然、衝動買いも増える。スタンフォード大学のB・J・フォッグ博士は、次のように指摘している。

アマゾンでは、サインインして「1-Click でいますぐ買う」をクリックすれば、自動的にクレジットカードで決済され、発送される。その戦略によって巧妙に消費者の購買意欲を刺激している。

変化が早く、競争が熾烈なグローバル市場では、こうした戦略が勝負の明暗を決める。

④的確なタイミング

ユーザーはモバイル端末を持ち歩いているので、最適なタイミングでメッセージを入手できる。だが的確な情報の提供は、それほど簡単ではない。本人の物理的環境、周囲の環境、刻々と変化する身体的ならびに精神的状況など数々の要素を考慮しなければならない。そのような心や体の状態を把握して対応できる機器は、まだ開発途上である。完成すればユーザーの目標や日課、現在地、環境まで考えてセールスメッセージを発信し、そばにある関心をひきそうなものを勧めるようになるだろう。たとえば、疲れているユーザーには、コーヒーを飲むために最寄りのスターバックスを知らせ、落ち込んでいるユーザーにはスポーツジムや美容室を案内する。

フォッグの著書には2人の学生による試作品も紹介されている。常に正確な位置情報がわかるようにGPS機能をクマのおもちゃに搭載し、マクドナルドでおまけにするか、手頃な価格で販売するというアイデアである。マクドナルドが近くなると、クマはマクドナルドの商品はおいしい、マクドナルドの商品が食べたいとCMソングを歌いはじめる。実際には製造されなかったが、家族でマクドナルドの近くを通過したとき、そのようなタイムリーなメッセージが流れると効果的だろう。だがおそらく、何度もセールスメッセージを聞かされる親は不快に感じるので、クマは長生きできないだろう。

つまり、的確なタイミングで情報を提供するには、具体的な商品案内とともに状況も考えなければならない。マクドナルドの事例では、ソフトウエアを少し工夫すれば、食事時だけにCM

ソングが流れるようにできたはずである。

⑤パーソナルな提案

最近の広告やマーケティングは「**パーソナル化**」の傾向があり、個人の具体的なニーズを満たすためのセールスメッセージが開発されている。モバイル端末は、どんなに親しい友人よりも所有者について「知る」ことができるので、ニーズにぴったりの商品やサービスを提案できる。

次章で紹介するが、そのような個人情報は多様なソーシャルメディアから収集されるようになっており、マクドナルドは嫌いだがバーガーキングは好きだという人物には、そのことを考慮して場所案内ができる。個人の好き嫌いに関する情報をうまく利用すれば、携帯電話は単なる「便利なツール」から「信頼できる友人」になり得る。

マーケティングの可能性を考えれば、おそらくコカ・コーラやペプシ、マクドナルド、ケロッグ、バーガーキングなどのグローバル企業が携帯端末を利用したロケーションマーケティング技術を主導するはずである。

⑥無限の粘り強さ

営業の鉄則として、粘り強さは重要な要素である。その点では、デジタルマーケティングが大いに力を発揮する。モバイル端末は冷遇されても、拒否されても平然とし、プログラムされていない限り「いりません」という答えに決して納得しない。

⑦匿名性

販売員のサポートを好意的に感じる人は少なくないが、こっそりオンライン・ショッピングをしたいときもある。特に個人的な買い物の場合、その傾向が強い。

⑧ユビキタス

モバイル端末は、日常生活のあらゆる場面に急速に普及しつつある。乗用車、テレビ、腕時計、洗濯機、冷蔵庫、歯ブラシまで何らかのデジタル機能が搭載され、どんなものでもモバイルマーケティングツールになり得る。そうなると販売員は歓迎されないバスルームやベッドルームまでセールスメッセージを届けられる。

⑨つながり

ＲＦＩＤチップは、低コストでＩＤ情報を無線通信できるため、顧客管理に広く用いられている。同様の技術は「**環境知能（アンビエント・インテリジェンス）**」としてさまざまな家電に導入できる。

たとえば、牛乳にＲＦＩＤチップを装着して冷蔵庫がデータを受ければ、買い足しておくべき必需品がわかる。同じ情報はコンピュータやタブレット、携帯電話への転送も可能である。もちろんインターネット回線で販売店にも送信できるので、店側が残り少ない商品を知らせたり、割引や特別価格を提供して購入を促したりできる。顧客側は、携帯電話のボタンを押すだけで購入手続きが完了する。

忙しく時間に追われている多くの消費者には、そのような自動化されたサービスは重宝である。いつも冷蔵庫や保管庫が消耗品をチェックしてくれて、残り少なくなれば店に直接発注できる。家主は、必要な商品が届くまで発注を知らない。

車に装備すれば、オイル交換が必要な時期やタイヤ空気圧の低下を、所有者や近隣のガソリンスタンドが把握できる。ほかにもスーツに装着すればプレスが必要なタイミング、電動歯ブラシに装着すればブラシ交換の時期や歯みがき粉の使用量不足がわかる。環境知能に詳しいデイビッド・ライトは、次のように予想している。

近い将来、衣類、お金、家電、絵画、カーペット、車などあらゆる身近なものに知能が埋め込まれ、微小なセンサーと作動装置のネットワーク、いわゆる「スマートダスト」が登場するだろう。

これらの情報が小売店やメーカーに送信されれば、売り込みのための的確なメッセージをユーザーに届けられる。

⑩規模の伸縮性

デジタル技術は、需要が増えれば手間なく速やかに規模を拡大し、消費者の関心の低下やニーズの変化に対応した規模の縮小、戦略の変更にも時間がかからない。営業担当者を採用して研修を行うには時間が必要だが、コンピュータプログラムの修正は短期間で完了する。

これら10項目のデジタル技術の利点を理解したうえで、商品の販売や顧客のロイヤルティ確立のための応用方法について考えていこう。

ゲームを利用したデジタルマーケティング

ゲーム業界は大きく変化してきた。画像が洗練されただけでなく、最近ではバーチャルリアリティが導入され、プレーヤーの視覚、聴覚、触覚、嗅覚への訴求力の高いデジタル世界が、現実世界に近づきつつある。

バーチャルリアリティのゲームでは、いきいきと描かれた画像や音声、匂い、触れた感覚や抵抗感などにプレーヤーは夢中になる。手を伸ばしてバーチャルなテニスボールを「つかむ」とか、ボールを「バウンド」させて重量や表面の「ザラザラ感」、「球形」を「感じる」ことができる。

ゲームによるデジタルマーケティングでは、最新のアニメーションや高画質動画、仮想と現実を重ねあわせた「拡張現実」を取り入れて、プレーヤーを未体験のワクワクするような世界に連れて行く。その奇妙で恐ろしい**バーチャル世界にプレーヤーが没頭すると、衝動的行動が抑制できず、自分自身を制御できなくなる。**

そうなると自制心を失うばかりか、時間経過を忘れてしまう。双方向型で夢中になれるテレビゲームを利用すれば、商品を自然に露出させる「**プロダクト・プレイスメント**」をスムーズに使えるので、一般的なプレーヤーはゲームと現実の区別がつきにくい。

ホテル626——恐怖、交戦、記憶のケーススタディ

2008年、菓子メーカーのフリトレーは、独創的で精巧なオンラインマーケティングを実施している。トルティーヤチップスの「ドリトス」への人気を取り戻すため、ハロウィンにあわせて10～20代をターゲットにしたホラーゲーム「**ホテル626**（**シックストゥーシックス**）」を制作した。

ゲームを体験できるのは日没後の時間（夜の6時から朝の6時まで）に限られ、オンラインで名前とメールアドレスを登録してプレーを開始する。ミッションは幽霊ホテルからの脱出である。ゲーム中はウェブカメラや携帯電話、マイクを使い、ツイッターやフェイスブックとの連動によって交戦している臨場感を高める。

このマーケティング手法は、現実とバーチャルの融合だけでなく、恐ろしいホテルからの懸命の脱出に報奨を与え、その商品の販売促進にもつながった。そのような興奮状態はプレーヤーの長期的な潜在記憶となり、ブランドロイヤルティやドリトス商品への愛着につながる可能性

が高い。

本格的なマーケティングと同等の100万ドル近い予算が投じられた「ホテル626」は、爆発的にヒットし、136カ国以上から400万人以上の若者が平均13分間プレーした。CMでわずか30秒間、消費者の注目を集めれば大成功とされる食品業界では、13分といえば永遠に近い。

商品もわずか3週間で200万パックを売上げ、ホテル626プロジェクトは、2009年のカンヌ国際広告祭で最高の栄誉とされるサイバーライオン賞を受賞している。翌年には、さらに恐ろしい「アサイラム626」(アサイラムは「精神科病院」の意)が制作され、チェーンソーを振りかざす看護師から逃げるという、一段とプレーヤー参加型のゲームとなった。

ゲーム構成では、**バーチャルとリアルの世界を意図的に融合し、若いプレーヤーが感情移入して夢中になれる工夫**をした。クローゼットのなかに閉じ込められ、チェーンソーを持つ凶暴な相手から逃げなければならない危険なシーンでは、友人にメッセージを送信して助けを求められる。リクエストに応じた友人は、マイクに向かって叫び声をあげるか、できる限りキーボードをたたいて敵を撃退する。別のシーンでは、フェイスブックの友達の写真2枚を見せられ、生き残るほうを選ばされる。選ばれなかった友人は、おそらく生きられない。
ゲームのクリエイティブ・ディレクターであるハンター・ハインドマンは、何が起こるのか想像する部分を残したと話している。かなり陰惨な音声を使い、救わなかった友人には不幸な出来事が予想される。2本目のゲームについては、次のように説明している。

あるシーンでは、プレーヤーの頭の動きに連動してゲーム内の視点が動くヘッドトラッキング機能を使っているので、攻撃を回避するためには実際に体を動かさなければならない。また、ウェブカメラを斬新な手法で利用してプレーヤーをゲームそのものに参加させ、プレーヤーからの意見を聞いて恐怖感を高めている。これまでにないソーシャルネットワークの活用事例である。

なかでも新しいのは、プレーヤーの友人を参加させる仕組みである。それらあらゆる工夫によって実体験のような臨場感のあるゲームづくりができた。

ゲームの最終場面では、2種類のトルティーヤチップスの袋に印刷されているコードやサインをウェブカメラにかざし、3Dの鍵が開いて脱出できる。
ただ、いずれのゲームもターゲットが思春期の若者であり、気持ちが不安定で、社会に十分適応できない年代である点はよくない。意思決定に重要な役割を果たす前頭前皮質が発達前の段階にあるため、10代や20代の成長に伴うホルモンが分泌されると、恐怖に関する刺激にかなり弱く、チップスもどんどん食べてしまう。

カリフォルニア大学アーバイン校の研究チームの報告によれば、**デジタルマーケティングは意図的に感情を高ぶらせ、興奮状態で若者たちに購入判断をさせている。**そうなるとますます正しい判断をしにくくなるので、自衛のために糖分や脂肪分の多い食品を摂取する。また、この報告によって、**デジタルマーケティングが消費者間の奇妙な連帯感を生み、ブランドに対して前向きな感情を持つようになる**というマイクロソフトの初期の研究も裏づけられる。

モバイルブラインダー

自社のサイトを携帯電話対応にして、位置情報アプリのダウンロードを勧める企業が増えている。そうすればユーザーがどこで、何をしているのか把握できるので、最適な情報を提供できる。この新たなデジタルマーケティング手法は、サイトアクセスの3つの特性である**ソーシャル**（Social）、**ローカル**（Local）、**モバイル**（Mobile）の頭文字を取って

「**SOLOMO**（**ソロモ**）」と呼ばれている。

ライターのリンジー・スカルペッロは、SOLOMOは一時的な流行ではなく、ブランディング、販売、マーケティングには重要な意味を持つトレンドであると強く主張する。

ただ皮肉にも、携帯電話の世界的な普及によって売上が低迷している売場が少なくともひとつ存在する。レジ待ち時間の雑誌やチョコレート、キャンディやガムなどの衝動買いである。それらの物色をやめて、携帯電話で暇つぶしをする買い物客が増えている。雑誌の編集者たちは、その様子が視野を制限されている競走馬に似ているとして、「**モバイルブラインダー**」（**モバイル機器による目隠し状態**）と名づけている。

「コスモポリタン」誌のほかに19誌を出版するハーストマガジン社の社長デイビッド・キャリーも「ちょっと立ち止まる時間があると、メールやニュースをチェックする人たちがいる。レジの前に商品を並べている業界は、消費者に見てもらおうと躍起だ」と話している。

メディア分析を行う非営利組織AAMによると、雑誌の販売部数は前年にくらべて10%近く減少している。特に減少傾向が顕著なのは、有名人のゴシップ誌、女性誌、セックス関連、ファッション誌である。アメリカ国内で販売部数が最も多い「コスモポリタン」は18・5%、「ピープル」、「イン・タッチ・ウィークリー」、「USウィークリー」、「グラマー」、「スターマガジン」も軒並み2桁の減少率である。

販売不振は複合的要因によるものだが、簡単に、安く、場合によっては無料で入手できる多様な競合メディアの登場が元凶なのは明らかである。雑誌や新聞を購入するには、販売店に出向いて苦労して稼いだ現金で支払わなければならない。ところが雑誌や記事のダウンロードは、いくつかクリックするだけで、いつでもどこでも可能である。第2章で取り上げた「処理の流暢性」も高く、衝動買いにもつながりやすい。

イギリスの企業ブレイニエントは、インタラクティブ（双方向）な仕組みを導入した独自の手法を開発し、CMとの関与や視聴時間を延ばしている。創業者でもあるCEOのロマニアン・エミ・ガルの説明によると、かつてのCMは椅子にもたれて見ていたが、いまでは前のめりで見るものらしい。

動画を携帯端末で観るようになってきた2009年、ガルはメディアエージェンシーに双方型の広告を売り込んだ。いまではコカ・コーラ、ボルボ、映画『パイレーツ・オブ・カリビアン』シリーズなどグローバルなクライアントが100以上になり、毎月約50種類の製作本数を数える。

双方向型広告とはどのようなものか？　オンラインビデオに再生ボタンをつけて、メイキング映像や車のテスト走行を見せる簡単なものや、体感型ゲームのキネクト対応の、動作で再生される映画の予告編などがある。２０１２年に制作された映画『ホビット』の予告編では、手を挙げて合図するだけで詳しい映画情報がわかる仕組みになっていた。

ガルによると、視聴者が動画に参加する仕掛けを作れば、ＣＭを観る確率も高くなり、非参加型のＣＭクリック率が1％にすぎないのに対して、参加型になると10％、ＣＭとの関与も４８０％増加し、視聴時間も１２０％伸びている。

グーグルグラスの拡張現実マーケティング

拡張現実では、特殊なメガネをかけて、デジタル技術で作られた要素と現実世界を同時に楽しめる。たとえば店頭では、売り場にあわせて必要な情報が登場する。観光地では近くの歴史的建造物の説明があらわれ、ショッピング中は特別価格とともに店までの案内矢印が表示される。食事時になると一番近いマクドナルドやバーガーキングを案内してくれる。

グーグルグラスは、その一例である。おしゃれなメガネのような装着型《ウェアラブル》コンピュータで、前方を向いたまま読めるディスプレイが組み込まれ、バッテリーはフレームにかくれている。小型のプリズムディスプレイが眉の上に位置しているので、ユーザーは見上げるだけでスクリーン表示が見える。カメラ、マイク、GPS、さらに骨伝導で伝わる音声システムも装備されている。機器の作動は口頭で行い、ユーザーが写真や動画の撮影、友人と会う連絡メール、道検索を指示する。視野に入っている世界の配信機能もあるので、ビデオ会議もできる。

アップルも同様のメガネを開発しており、ユーザーは雑踏のなかで友人を見つけ出して、メール送信できる。

こうした拡張現実の機器を利用すれば、これまでにない説得力のある情報提供が実現する。知らない街でも、周りのあらゆる情報を親切に間違いなく教えてくれたり、行きたい場所まで案内してくれたり、逆にスポンサー企業が行ってもらいたい場所を告知したりできる。

効果的なモバイルマーケティングによって、あらゆるデジタルプラットフォームでの商品販売に成功するためには、消費者に関する詳細な個人情報を持っていなければならない。好き嫌い、欠点や弱点、願望、長所と短所を把握できているかどうかである。

次章では、ビッグデータを収集して分析し、デジタル機器で人間の感情を分析したおもしろい傾向と組み合わせると、相手が抵抗できないような個人的に説得力の高いメッセージを送信できる仕組みについて紹介したい。

第11章

究極の「買いたがる脳」

「現在のコンピュータ技術は、人間による対話での説得技術に代わるものとして設計され、人間の説得力を高めようとしている。そこはコンピュータ技術も人間も未経験の領域である」

——B・J・フォッグ

「たまごっちが死んでしまった！」

数年後、広告やマーケティングにおけるコンピュータの役割はますます大きくなり、人間が介入する必要なく消費者に直接アピールできるようになるだろう。もちろん人間が必要なくなるといっているわけではない。広告やマーケティングの全般的な戦略の策定は、引き続き生身の専門家が担っているはずだ。

ブランドメッセージや商品特性をどこで、どのように伝えるべきかを判断するのは、コンピュータではなく人間である。だが、メッセージを送信する正確なタイミングや、コンテンツの多くはデジタル機器に任される。より厳密には、デジタル機器のアルゴリズムが決める。

ただし、その仕組みがうまく機能するには2つの条件がある。まず、「**消費者がコンピュータやタブレット端末やスマートフォンと心理的に強くつながれること**」、そして、それらのシステムが「**消費者の膨大な個人情報に常にアクセスできること**」である。

この章では、2つの条件の実現可能性について検証していきたい。最初に人間と人工知能との関係を考えよう。

デジタル機器による感情の高ぶりを痛感したのは、1990年代後半だった。聡明で、社交的に見える20代前半の教え子が、仮にマークと呼ぼう、学生食堂の暗がりでひとり悲しそうにしていた。近親者に不幸でもあったのかと思い、隣に座って慰めようとした。涙をこらえたマークの説明によると、やはり喪失感に悩み、深い罪の意識を感じているらしい。不注意と怠惰が原因で、たまごっちが死んでしまったそうだ。

この商品を知らない人のために説明しておくと、たまごっちは1996年に2人の日本人が開発した携帯型デジタルペットである。卵型の本体に、動物や人間などの生き物があらわれる小さな画面があり、3つのボタンがついている。飼い主は適切なボタンを押して、生き物が大人に「成長する」まで育てなければならない。人間の子どもと同じように、どれだけ丁寧に世話をするかによって生育状況が変わり、世話を怠れば「死んでしまう」。マークの場合、試験と新しい恋人に時間を取られ、たまごっちが「生きる」ための「栄養」を与えられなかったのだ。

そんなマークを神経症だと片づけてしまう前に理解しておくべきなのは、世界各国の7600万人を上回るたまごっち所有者の多くが、デジタルペットの死亡に同様の悲しみを感じているという実態である。近親者の死亡にも匹敵する痛みなのだ。ほかにも同様の事例がある。

広告市場調査会社ダイナミックロジックが行った研究では、被験者に猫型ロボットのｉＣａｔでしばらく遊んでもらい、その後、電源を切るよう指示する。そのとき、ロボットの記憶が消えると説明した。すると、まるでロボットを殺すような雰囲気になり、疑似動物と戯れていた被験者は、それほどでもない被験者にくらべて電源を切るまでの時間が3倍長かった。

知識レベルが高く、高等教育を受けている人であっても、コンピュータとの間に強固な絆が生まれることが最初に明らかになったのは、１９６６年である。

アメリカのコンピュータ学界でジョセフ・ワイゼンバウム博士が、カウンセラーの役割をするコンピュータプログラム「イライザ」を発表した。単純なコードで知能を持たず、簡単なパターン認識やキーワードの置換で反応する。ところがイライザによるカウンセリングは、きわめて効果的だった。博士は、当時の様子を次のように語っている。

イライザのカウンセリングを受けると、気持ちを理解してもらえるようだった。個人的にカウンセリングを受けたいという申し出も多く、カウンセリングを受けた人たちは、私がどんなに仕組みを説明しても、イライザが自分を理解してくれていると信じ切っていた。

スタンフォード大学のバイロン・リーブスとクリフォード・ナスの説明によると、コンピュータがメッセージを伝え、指示を与え、言葉のやり取りをすれば、人は親近感を覚えて普通に対応するようになる。それほど大変ではない。

2人が行った研究では、コンピュータ画面に出てくるテーマについて、被験者がどれだけ知っているかをコンピュータが質問し、知識が少なければ詳しい情報が表示されると事前説明する。ただし実際は、知識の程度に関係なく同じ内容の画面があらわれる。画面上で回答が終わると、点数とともに教師役のコンピュータによる評価が出てくる。ここでも被験者の知識量に関係なく、コンピュータからは高評価のコメントが用意されている。

次に被験者を2つのグループに分け、一方には同じコンピュータ、他方には別のコンピュータでテストを受けた後、コンピュータのパフォーマンスについて評価してもらう。すると、コンピュータの対応はまったく同じにもかかわらず、初回と同じコンピュータを使った被験者のほうが、コンピュータをかなり高く評価する。まるで最初のコンピュータと強い絆で結ばれ、その感情を害するのを心配しているようだ。

B・J・フォッグの研究では、被験者を2つのグループに分け、一方には「チームメイト」と書いたコンピュータ、他方には何も書かれていないコンピュータで問題を解いてもらったところ、前者の被験者はコンピュータを「チームの一員」と見なす。また、問題へのアプローチや助言、やり取りのスタイル、生きるために必要なもののランキングが自分たちと似ていると評価し、聡明で親切、情報提供が高度で高性能だと判断する。

知能が感じられるコンピュータと人間との関係についての数々の研究から、両者には**親密で、深く感情移入するような心の絆が構築される**といってよい。しかも**コンピュータの知能や反応が高度になるほど、人間はコンピュータの「判断」を信用し、「助言」に従うようになる**。そうなると販売員よりも実績を上げることになる。

いまや人間の脳とほぼ同じように「考える」スーパーコンピュータを使えば、広告やマーケティングのメッセージを瞬時に制作し、発信できる。ただし効果的に行おうとすれば、消費者1人ひとりの好き嫌い、購入しようと思っている商品、有効なマーケティング手法についての膨大なデータにアクセスできなければならない。

つまり、ニーズをウォンツニーズに変えるのに必要な知識がなければならない。したがって広告やマーケティングの自動化には、消費者に関する最新の詳細な個人情報が求められる。

ビッグデータで収集される個人情報

ジョージ・オーウェルの小説『1984年』では、ビッグ・ブラザーによる恐ろしい監視社会が描かれている。出版から50年あまりの現在、確かにビッグ・ブラザーによる監視は行われているが、小説の内容とは状況がまったく違う。

いまの社会では、数十億人のインターネットユーザーが積極的に監視に加担しており、本人の私生活が完全に無防備になっている。その結果、グーグル、アマゾン、フェイスブック、ツイッターなどの大手企業が把握できる個人情報は、これまでになく広範で詳細な内容になっており、それらを「ビッグデータ」と称している。

フェイスブック、マイスペース、リンクトインなどのSNSにも詳細な個人のプロフィール情報が集まり、オンライン・ショッピングやインターネットの閲覧履歴、携帯電話の利用状況、クレジットカード、デビットカード、ポイントカードの使用状況など、さまざまなデジタルデータからも貴重なビジネス情報が得られる。具体的な個人情報の内容を整理しておこう。

・家族の氏名および年齢
・住所履歴
・財務状況と借入限度額
・配偶者の有無
・自宅および携帯の電話番号
・コンピュータのＩＰアドレス
・社会的階層ならびに民族
・宗教
・学歴
・職歴および犯歴
・現在位置ならびに過去数週間の訪問場所
・音楽、映画、書籍、雑誌、スナック、各種機器、絵画、ジョーク、香水、ファッション、食品、飲み物の好み
・政治的志向
・性的指向、ネットに求める性的欲求の対象

これらすべてのほかに数々の個人情報を勘案し、消費者の意識を飛び越えて無意識に直接アピールできるマーケティング戦略が策定される。そのための情報収集は、消費者の誕生から死亡まで続く。

しかも詳しい個人情報に関心を持っているのは、合法的な企業に限らない。未成年のハッカーや犯罪組織、国が支援するサイバースパイなど、犯罪組織もネット上を徘徊している。サイバーセキュリティー学会会長のピーター・ウォーレンは、毎月200万の犯罪サイトが開設され、1日あたり6万種類の新たなコンピュータウイルスが拡散されている実態に対して、インターネット上は極悪ギャングが暗躍する非道な社会だと警告している。その影響力によって、私たちの生命や生活環境さえも危険にさらされているのである。

フェイスブック戦争

『Program or Be Programmed(プログラムせよ、さもなくばプログラムされる)』の著者であり、メディアに詳しいダグラス・ラシュコフは、次のように話している。

フェイスブックの何がよいのか。おそらく子どもは、友達作りを手伝ってくれるからと答える。だがフェイスブックの経営陣が考えているのは、子どもが友達を増やすための方法ではない。その友達関係で儲ける方法である。いったいだれがフェイスブックの収入源なのか考えてほしい。普通は顧客が収入源だが、フェイスブックの場合は広告主である。私たちはフェイスブックの顧客ではなく商品であり、広告主に売り渡されているのだ。

オーストリアで法律を学ぶ25歳のマックス・シュレムスも、まったく同じ思いだろう。大学での研究のために、**フェイスブックが自分自身について知っているすべての情報の開示を求めたところ、何と57種類に区分された1200ページにのぼる個人データが送られてきた**のだ。秘密警察レベルの情報量に怒りを感じたシュレムスは、研究成果を提出せずに「Europe vs. Facebook」という情報保護団体を設立し、多数のユーザーに自分自身のデータ開示を求めるよう働きかける運動を始めた。法学部の若い学生が大手ソーシャルネットワークにひるまず挑む姿勢は、ユーザーの共感を呼び、団体のサイトには設立から数週間で4万件の問い合わせが殺到した。

ワシントンにあるプライバシー擁護団体EPICの弁護士ジンジャー・マコールによると、ソーシャルネットワーキングサイトの多くは、どのような内容の情報をどのように保有しているのか、情報開示しない傾向がある。ユーザーは、友人だけが見ると信じて情報を投稿しているが、政府関係者にも見られ、データ収集サービスにも利用されている。

ただし、後で説明するように、フェイスブックだけが膨大な個人情報を収集しているわけではない。しかもユーザーの信用を大切にする同社は、厳重なプライバシー保護手段を用意している。個人情報の設定ページには数十項目のオプションがあり、表示、非表示の選択も可能である。さらにユーザーの操作ミスも把握して改良を加えているので、最新のページはユーザーが簡単に操作できるようになっている。


フェイスブックが個人の自由や社会的価値観、さらにウェブそのものの脅威になっているという批判の声が出るのは、企業規模に原因がある。インターネットユーザーが7億5000万人に達するまでに30年かかっているのに対して、フェイスブックユーザーはわずか8年で同じ人数に達している。仮にフェイスブックが大陸であれば、世界第4位の人口を誇る。その急成長によってウェブの世界にも変化が見られ、従来のウェブマーケティングを休止し、フェイスブックだけに絞り込む企業も少なくない。

フェイスブックからはソーシャルゲームの大手ジンガ、後にフェイスブックが買収した画像共有アプリを扱うインスタグラムも誕生し、現在ではフェイスブックに投稿されている写真は

30億枚を超えている。かつてインターネットはデータに基づいて構成されていたが、フェイスブックの登場をきっかけに、人を基準にした構成に変わりつつある。その変化を技術ライターのスティーブン・ジョンソンは、次のように書いている。

ソーシャルネットワークを基準とした新たなプラットフォームへの変化は、当然の動きである。ユーザーが利用するプラットフォームが大きくなれば、それだけ吸引力も強くなる。

フェイスブックの「いいね！」の情報力

マーケティング担当者にとってフェイスブックの最も貴重なデータは、おそらく**ユーザーの「いいね！」に関する情報**である。

ケンブリッジ大学の心理学者ミハエル・コジンスキーとデイビッド・スティルウェル、マイクロソフトリサーチのトレ・グレイペルの共同研究によって、「**いいね！」を調べれば個人の年齢、知能指数、人種、性格、性的指向、宗教、政治的志向、喫煙の有無、薬物使用、飲酒など**

をかなり正確に予測できることが明らかになっている。

3人の共同研究では、「ｍｙＰｅｒｓｏｎａｌｉｔｙ」というフェイスブックのアプリケーションを制作し、「知性」「競争力」「人生に対する満足度」に関する心理テストに任意で回答してもらい、同時に「外向性」や「内向性」についても検証した。協力してくれたアメリカの5万8000人のフェイスブックユーザーの回答内容を、本人のプロフィールや友達のデータとともに分析すると、「いいね！」のデータから個人のさまざまな特性をかなり正確に予想できた。ビジネスへの応用の可能性も高い。

たとえば、同性愛者かどうかは、男性の場合88％、女性の場合75％正しく判断し、アフリカ系アメリカ人か白人かは95％、支持政党は85％、宗教は82％、喫煙の有無は73％、アルコールの摂取は70％、薬物使用は65％という的中率になった。また、ユーザーが21歳になるまでに両親が離婚しているかどうかなど、それほど重要でもない個人情報も60％正確に予測できた。

さらに、「知能指数」「感情の安定性」「寛大さ」「外向性」といった把握しにくい特性の分析も正確だった。「いいね！」の項目のなかには、何の脈絡もなく無関係に思えるにもかかわらず、強い相関の見られるものもあった。たとえば、カーリーフライ（らせん状のフライドポテト）が好きな人はＩＱが高く、「人間がクモを怖がるよりも、クモのほうが人間を怖がっている」と思っている人は喫煙者よりも非喫煙者に多い、などである。

同じ研究では、「いいね！」をクリックして積極的に本人の特性を明らかにするユーザーは、かなり少数派だという状況もわかっている。同性愛者の結婚式の話題に「いいね！」をクリックした同性愛者のユーザーは、5％にも満たない。したがって正しく予想するには、有益性は劣るかもしれないが、もっと一般的な音楽やテレビ番組などに対する「いいね！」のデータを、膨大に収集しなければならない。

集まった信頼度の高い詳細な個人情報は、マーケティングや広告業界にとって大いに価値あるデータと考えられている。だが同時に、悪用の可能性も懸念され、ミハエル・コジンスキーは次のように指摘している。

私自身、フェイスブックをはじめとする革新的技術は大好きで、積極的に利用している。おすすめ機能にも感謝している。だが、そのデータや技術が政治的志向や性的指向の予測に応用されると、自由の侵害、さらに生命の脅威につながる事態も想定される。

心理測定学者のデイビッド・スティルウェルも、プライバシーの設定には一層注意が必要だと考えている。もしフェイスブックが収集した個人情報の商業利用を、プライバシー侵害だと思うのであれば、全面的に信頼しすぎないように気をつけているかもしれない。一般的な市場調査会社にくらべて、フェイスブックは隠し立てなくあらゆる個人情報の収集を続けている。

アマゾンをはじめとするオンライン・ショッピングの運営会社も、顧客情報の収集に力を注いでいる。たとえばキンドルで本を読むと、タイトルはもちろんハイライト箇所、めくったページ、最初から最後まで読んだのか、拾い読みしたのか、どの部分を拾い読みしたのかまで記録される。それらのデータを分析すれば、個人の興味や好みにあわせたマーケティングができる。

だが個人情報を収集しているのは、グーグル、アマゾン、アップル、マイクロソフトといった有名企業だけではない。無名に近い企業も密かにデータを集めている。

アーカンソー州リトルロックに本社のあるアクシコムは、年間売上11億5000万ドルの「一般に知られていない最大の企業」と呼ばれる。イギリス、フランス、ドイツ、オランダ、ポーランド、オーストラリア、中国、ブラジル、アメリカ全土で事業展開するグローバル企業である。

アクシコムには、ほぼすべてのアメリカの世帯、5億人を上回る世界各国の消費者に関するデータが蓄積され、男性、女性、子ども別のそれぞれ約1500項目の情報が集められている。従業員によると、**データという商品を生産する大規模工場**のようなものである。

巨大なサーバーにゼタバイト単位（バイト単位にするとゼロが21個並ぶ）のデータが蓄積されて

いるにもかかわらず、アクシコムの個人情報は市場全体の12%にすぎない。残りの88%の情報は、さらに秘密裏に情報収集している企業が保有している。アクシコムの報告書によると、天文学的データのどこかに、購買行動やブランドの好き嫌いの手がかりとなるパターンや行動がかくれている。その可能性のある膨大な元データを組み合わせてシステム化し、実務に役立つ具体的な知見を見つけ出すのは相当な難題である。

スパイ用のグーグル？

ビッグデータ分析に対する技術的ノウハウと資金が注ぎ込まれた成果として、コンピュータ用プログラム「**RIOT（ライオット）**」（Rapid Information Overlay Technology＝環視情報高速処理技術の略称）が誕生している。年間売上約240億ドルの世界第5位の軍需品メーカーであるレイセオンが開発したもので、**世界中の人を追尾できるだけでなく、将来の行動も予測できる**ことから「**スパイ用のグーグル**」と呼ばれる。ツイッター、フェイスブックなどを情報源とし、GPSデータで位置を特定する。

ほかにスマートフォンで撮影した写真に自動挿入される位置情報や、2500万人が利用する居場所特定アプリのフォースクエアのデータも利用されている。ＲＩＯＴを使えば、フォースクエアのデータから、**過去７日間にその人物が頻繁に訪れた上位10カ所が訪れた時間とともに割り出せる。**

実際に社員を対象にした１週間の実証実験では、早朝のジム通いが特定されており、将来の正確な行動予測がさらなる課題とされている。

政府関係者やセキュリティー担当者を対象にしたＲＩＯＴのデモンストレーション後は、当然ながら世界各国のセキュリティーサービス関係者が強い関心を示した。そして同じように強い興味を持ったのがマーケティングや小売の業界である。ＲＩＯＴならびにビッグデータ分析の画期的なアルゴリズムを使えば、究極の販売ツールができあがると考えたのだ。潜在顧客がどこにいて、特定の時間に何をしているのか把握できれば、ニーズを予測した的確な広告メッセージを届けられる。

ヤフーの広告ならびにサイト運営者向けサービスを統括するマイケル・ビヴァンスは、オンラインマーケティングにおける次のような可能性を指摘している。

・〝適切な〟ターゲットに〝適切な〟タイミングでの〝適切な〟商品に関する〝適切な〟メッセージ（あるいは説明）の発信

・ユーザーに対する有益な情報の提供
・共通の関心を持つ人たちへのブランド認知やブランドイメージの向上戦略
・商品やサービスの〝購入意思〟にあわせた顧客対応

直近のオンライン行動から商品を必要としそうな顧客を絞り込み、広告を直接届ける手法を「**行動ターゲティング**」と呼ぶ。マーケティング担当者は、顧客の最近のオンライン行動を詳しく把握できるだけでなく、将来の関心事や購入商品も予想できる。

ソーシャルメディアとモバイルマーケティング

若年層がソーシャルメディアの主役になると考えたコカ・コーラは、10代に近い人たちをターゲットとする戦略を早期に導入している。

若者は携帯電話やインターネットの利用頻度が高く、パーソナル化したメッセージとウェブ上の情報提供が深い心の絆を育むと考えた。ソーシャルメディアマーケティングの責任者アダム・ブラウンは「魚がいるところでの釣りの大切さ」を次のように強調する。

当社の話題は毎日1000のブログ、3000のツイートで取り上げられ、6週間で2倍になるペースである。また1日あたり15本前後の動画、50種類ほどの写真がユーチューブやフリッカーに投稿され、これまでの動画総数は10万本、画像総数は5万枚を数える。

2200万人のファンが集い、1日あたり2万5000人の友達申請があるフェイスブックは、これまでにない強力なマーケティング力を持っているはずである。そこで、商品についているコードをサイトで入力すると、どんどんポイントがたまり、用意されている景品と交換できる「**マイコーク・リワード**」を打ち立てた。このキャンペーンでは、行動ターゲティングやユーザー制作コンテンツ、ソーシャルメディアの監視、検索エンジン最適化（検索結果の上位に自社サイトを表示させる手法）、モバイル端末の位置情報を活用したマーケティングなど、あらゆるデジタル広告テクニックを導入しており、キャンペーンに参加するユーザーは、個人情報と携帯電話番号を登録しなければならない。

マイコーク・リワードでは、ユーザーの行動分析が得意なタコダ、メディアエージェンシー大手のメディアベスト、意思決定管理ソフトウエアのプロバイダのフィーコと提携した行動ターゲティング計画によって、顧客の嗜好にあわせた1500パターンのサイトを用意している。たとえば、スプライトが好みの料理好きな顧客は、スプライトのクーポンや料理番組の広告、ダイエットコークが好みの映画好きな顧客は映画のPRやダイエットコークの割引券を受け取る仕組みになっている。

キャンペーン参加者全体の3分の1が平均3・7人にコカ・コーラブランドやマイコーク・リワードについて話しているというのは、キャンペーン成功の証といえる。

グローバル・インタラクティブ・マーケティングの統括責任者であるキャロル・クルーズは、2008年時点でキャンペーンが過去最大規模になったと話している。コカ・コーラからのメッセージを顧客の興味や関心、考えや望みを基準にパーソナル化することによって、顧客との精神的つながりを構築できている。その**つながりが、脳の深いレベルに作用し、単に売り込みのコマーシャルではなく、日常的なメッセージとして受け入れられている**ようだ。

デジタル機器が感情を表現する日

スマートフォンやコンピュータの電源を入れたとき、「今日は少し落ち込んでいるみたいですね。元気が出るようにお気に入りの映画でもお見せしましょうか?」あるいは「疲れているようですね。コーヒーブレイクでもどうですか?」と心配そうに言われたらどうだろう?

デジタル機器がユーザーに共感する、そればかりか感情表現できるという考えは、奇妙で信じられないかもしれない。だが数年もすれば、感情を持つコンピュータが普及する可能性がある。

ケンブリッジ大学のコンピュータ技術教授ピーター・ロビンソンによると、感情を把握するには顔の表情が重要な要素になるため、内蔵式カメラからユーザーの感情を読むソフトが懸命に開発されている。ロビンソンの研究グループは、鼻のふくらみ、口角のほか、うなずきや首ふり、眉の上昇などの感情があらわれる動きを20カ所以上「表情ポイント」としてチェックするプログラムを制作した。そのデータと動作から感情を理解する。

表情分析とジェスチャーから感情を推察するシステムにも取り組み、成功率65%まで達している。また、落ち込んでいるとき、うれしくてワクワクしているときには特徴的話し方をするため、言葉の抑揚から感情を予想するシステムも開発中である。

だが、単に感情を理解すればよいわけではない。ロビンソンが目指しているのは、アニメやロボットとして感情表現するコンピュータの開発である。すでに各国では感情を持つロボットの開発がかなり進んでおり、そのひとつ「ナオ」は、落ち込んでいるとき背中を丸めてうつむく。恐怖を感じると、優しく頭をなでてもらうまで萎縮して動かない。ロビンソンによると、感情表現できるコンピュータの用途は数多く想定される。コンピュータが感情を理解して的確なタイミングで売り込みをかけたり、携帯電話や車やウェブサイトがユーザーの気分に応じて対応したりするようになるかもしれない。

ソーシャルメディアとパーソナル化した広告看板

ファッションに興味のある22歳の女性が、毎日の通勤時に広告看板の前を通っているとしよう。ちらっと見る日もあるが、ほとんど見過ごしている。だが、その看板に近づいていくと、「やあ、ミシェル。ジミー・チュウの靴がお好きですよね。通りの向かいのジェーンドゥという店でセール中ですよ。この広告を見たと言えば、さらに20％の特別割引が受けられます」というメッセージがあらわれたらどうだろう。

若い男性であれば、本人の興味にあわせてスニーカーや最新のテレビゲームを勧める。顔認証とオンライン行動の情報から、やはり名前を呼びかけて無視できないようなメッセージを表示する。

そのようなパーソナル化した広告を最初に想定したのは、2002年にスティーブン・スピルバーグが制作した映画『マイノリティ・リポート』である。だがいまやSF映画の世界にとどまらず、大都市での実証実験が進んでいる。通行人、バスや列車を待つ人々の名前や個人情報までは特定できないが、年齢や性別の区別は可能になっている。

ニューヨークを拠点とするイマーシブラボは、「顔認証ソフト」を使ってリアルタイムで人に反応するディスプレイの開発に成功している。CEOのジェイソン・ソーサによると、「人工知能が内蔵されているので、広告が学習して改善していくこともできる。この時間、あるいはこの天気のときは、コカ・コーラの広告がよいと判断するかもしれない」

同じシステムはショッピング行動の把握にも役立ち、広告を見ている時間、買い回りスピード、店での滞在時間、混雑時間、自動販売機や通路端のディスプレイに対する反応を確認できる。ソーシャルメディアの投稿画像から個人を特定し、好き嫌いを読み解いて説得力のある売り込みを試みている企業もある。

広告の顔認証システムに支払いの顔認証システムを組み合わせれば、支払い時の自動割引が可能になるようなおもしろいシステムができるかもしれない。

図11.1 「Come Dine with Me（私と一緒にお食事を）」の番組シーン

3種類のポップアップ広告でキッチン用品を紹介している（許可を得て転載）

私たちの研究所では、ソーシャルメディアから得た情報を新しいテレビ広告に活かす方法について研究中である。実用化できれば、視聴者がCMを邪魔だと感じて削除するような対策も不要になる。

そのように特定の関心事やライフスタイルにふさわしい広告提供の同意を得る手法を、**「パーミッション・マーケティング」**（パーミッションは許可の意）と呼ぶ。複数の企業が技術開発を進めており、具体的にはテレビ番組中、画面上の商品に関するマーケティングメッセージが数秒間表示される。それらに対する視聴者の反応について、私たちの研究所が調査を委託された。便利でおもしろいと思っているだろうか、イライラしてわずらわしさを感じているだろうか？

調査には、結果を報告することになっていたSESアストラの番組「Come Dine with Me（私と一緒にお食事を）」の使用許可を得た。面識のない人たちが互いに相手を自宅へ食事に招待する番組内容である。ゲスト側が食事やもてなしを評価し、勝者は1000ポンドの賞金を受け取る。

具体的な調査では、食事の準備シーンになると、使用されている用具の価格、販売場所、メーカーなどが画面上のボックスにあらわれる（図11・1参照）。表示内容は、視聴者のソーシャルメディア情報からわかった関心事に応じて調整できる。視聴者はリモコン操作で詳細情報を得られ、すぐに注文できる。「ドック（格納庫）」に移し、番組終了後に見直してもよい。結果、視聴者には好評で、内容を確認して購入する事例も多く、情報の便利さを感じていた。

必要悪？ それともプライバシーの侵害？

ビッグデータを収集しているのは企業だけではない。2013年6月、アメリカ中央情報局の元職員エドワード・スノーデンが、極秘扱いとされてきた米国家安全保障局（NSA）による

2007年からの電子情報の盗聴活動を暴露している。正式名称US−984XN、プリズムという暗号名のプログラムは、2007年のジョージ・ブッシュ大統領時に立ち上げられ、メール、ビデオや音声による通話、写真やファイルの送信、ログイン認証、ソーシャルネットワークまでテラバイト規模の情報をダウンロードしていた。

明らかにされた書類によると、それらの情報はマイクロソフト、ヤフー、グーグル、フェイスブック、パルトーク、AOL、スカイプ、ユーチューブ、アップルのサーバーから直接集められていた。しかもNSAを通じて、イギリスの通信傍受機関GCHQも同じ企業から情報収集していたとされる。

そのような行為や、一部激しく否定しているが大手通信企業の関与は、おそらく多くのユーザーにとってショックだが、通信情報に諜報機関が関心を持つのは当然である。各国の諜報機関、なかでも中国やロシアはまったく同じ理由から、同様の活動を行っている。

現代社会とのつながりを完全に遮断し、インターネットにも接続せず、クレジットカードやデビットカードも利用せず、携帯通話も避け、電子取引も行わない状況を受け入れられないとすれば、通信傍受は支払うべき代償である。最終章では、今後ますます情報収集が活発化し、だましのテクニックも巧妙になっていくはずのウェブの世界で、プライバシーを守る簡単で基本的な方法についても紹介したい。

だが、消費者は、そのように個人情報が利用される状況を、なぜ心配しなければならないのだろう？　ロンドン大学のクリス・ハンキン教授は、次のように指摘する。

ソーシャルメディアの検索では、「一定の生活パターン」を作成し、変則的な動きを目立たせている。たとえば災害の発生、地元警察に対する不満、最新のスマートフォンに対する賞賛などである。世界の大多数の人が数多くのネットワークでつながっている状況は、本人の好き嫌いに関係なく、概ね正しい事象だと認識され、だれもが考えを共有し、ともに行動できるようになっている。

一方、オンライン情報を収集している企業は、「個人を特定できる情報は開示していない」と強調するが、そのような匿名性の確保は不可能だという声もある。

ハーバード大学のジョン・テイサムは、次のように問いかけている。

「個人を特定できるような情報」とは、いったい何だろう？　逆にどのような情報が個人を特定できないのか明確ではない。したがって私たち市民は、データ識別という考え方に向けて、もっと声を上げなければならない。開示しない条件を「特定の個人情報」に変えれば、個人を特定できる情報よりも、さらに広範な情報が守られる。

この見直しがなければ、「個人データ」を読むための「ビッグデータ」の分析は、社会にとっての便益や企業利益の改善はともかく、データ科学ではなくデータ監視になりかねないと警告を発している。

デジタル族のリアリティ

個人情報の収集をひどいプライバシーの侵害と感じるか、有益で効率的な手法であり必要な買い物を手早く終えられると感じるかは、次のような年代ごとの「**デジタル族**」の区分によって決まる。

・**デジタルネイティブ……**1980年代以降に生まれた世代。インターネットのない生活を知らない。日常的にはオンラインとオフラインを区別せず、デジタルでのアイデンティティと現実社会でのアイデンティティを同一視しているとされる。

・デジタル開拓者……インターネット時代に誕生したわけではなく、インターネット時代を形成してきた世代。インターネットを使いこなすが、同時にアナログ世代でもある。

・デジタル移民……デジタル黎明期には一定の年齢だったので、メールやソーシャルネットワークに出遅れている。必ずしも技術革新に否定的ではなく、50代以上でもインターネットを積極的に使いこなすシルバーサーファーはいるが、旧来のコミュニケーション手段にも快適さを感じる。手紙を書かなくなったわけではなく、メールよりも手紙を好み、デジタル時代に不信感を抱き、疑問を持つ人も多い。

デジタルネイティブは、データ収集をプライバシーの侵害とはあまり認識せず、インターネットを利用しやすくなる、と歓迎する傾向が強い。「クッキー」によるファイル保存によってオンライン・ショッピングが便利になり、オンライン上の友人を作って個人情報を共有したり、会話をしたり、写真交換したり、映画や音楽や書籍のおすすめや休日の過ごし方を教え合ったりする状況を楽しんでいる。

だが**検索エンジンのいわゆる「無料」サービスや企業サイトの「無料」情報、「無料」のソーシャルネットワークサービスが、本当は無料ではない実情を理解できていないユーザーが多い。**

ブロガーのアンドリュー・ルイスの言葉どおり、料金を支払っていなければ顧客ではない。販売される商品なのだ。

広告、マーケティング、小売の各業界が消費者の考えを把握し、感情を動かし、購入する気にさせるような販売戦略を策定するためには、個々の顧客の潜在的な要望やニーズを十分に理解したうえで、心理学や脳科学の知見を高めなければならない。それこそが究極の脳への売り込みになる。

第12章

売り手の思惑、買い手の責任

「店では買い手責任である。消費者は、自分たちが操作されやすく、企業側がそれを期待していることを理解すべきである」

——ドナルド・マクレガー

歓迎するか、嫌悪するか

脳への売り込みの影響力や技術について話をすると、反応は2つに分かれる。一方は強い関心を持ち、これからの広告やマーケティングや販売手法にワクワクし、これまで以上に便利で楽しいショッピングができる可能性に注目する。もちろん広告、マーケティング、小売の業界が消費者への影響力を強くすることにも関心を示す。

もう一方は、衝撃を受けて憤慨する。大企業が膨大な個人情報を持つ実情をプライバシー侵害だと感じ、何らかの方法で「洗脳」され、必要もない高額商品を買わされるのではないかと警戒する。

そのような懸念に対応するため、消費者保護団体は広告やマーケティングに対する規制強化を求め、一部の市場調査やデータ収集方法の厳格な禁止と厳しい制約条件の遵守を政府に要望している。だが、法律や規制を導入しても、それほど効果があるとは思えない。悪質な企業は法律に従わず、ビジネスの存続が危うくなりかねない良心的な企業は、何とかして法律の抜け穴を探そうとするか、事業から撤退する。子どもや未成年者を対象とした高脂質、高糖質の食べ物などの広告やマーケティングは例外として、巧妙な売り込みから自身の利益を守るのは、消費者本人の役割である。

本書の冒頭で説明したように、本書の目的は脳科学研究者としての知見を紹介し、消費者としての自覚を促すことにもある。大手企業が人材と資金を惜しげもなく投入し、あの手この手で購買行動に影響を与えようとしている状況をしっかり理解してもらいたい。

そうすれば脳科学や広告、マーケティング、小売の現代的手法のメリットを享受し、思わぬ落とし穴を避けられる。

消費者、そして良心的な広告、マーケティング、小売担当者にとって喜ばしいのは、取引における透明性の高まりである。各企業が時間や資金面の効率改善を迫られ、消費者からは透明性の確保を求められている。その声を無視すれば、あるいは無視していると受け止められれば、即刻信頼や信用を失い、長年かけて築き上げてきた事業基盤が瓦解する。

もちろん、約束を守っているかどうか厳しい監視と評価を受け、悪質行為や不正行為にも目が向けられる。企業側は、これまでないほど消費者に心を込めて商品やメッセージを届けなければならない状況にある。さもなければツイッター、ブログ、ラジオ番組など新旧メディアに激しいネガティブコメントが殺到する。きわめて感情的で事実と反する主張も少なくないが、思い込んでいる消費者に説明や言い訳は通用しない。一度失った名声は、二度と取り戻せないのだ。

だが消費者についての膨大な情報が入手できるようになり、何が動機づけやワクワク感、喜びにつながるかを把握できる現状は、広告、マーケティング、小売の担当者には顧客のロイヤルティを確立し、信頼を得る絶好のチャンスでもある。確かに失敗すればひどい結果になるが、大躍進も夢ではない。

日本では「**当たり前品質**」と「**魅力的品質**」という区別がある。前者は消費者が商品やサービスに求める品質であり、たとえば時計であれば正確さ、美容院のサービスであれば上手なスタイリングを期待する。つまり機能面の条件であり、期待どおりであれば満足する。

それに対して「魅力的品質」というのは、消費者の期待を上回る魅力である。時刻を正確に刻む時計のスタイリッシュさ、魅力とともに自信を持たせるヘアスタイリングなどを意味する。

本書で説明してきたテクニックを実践すれば、商品やサービスの魅力的品質が高まり、企業の躍進につながる可能性もある。その知識と活用法が、消費者満足度と消費者保護の決め手にもなる。

「かくれた説得者」から身を守るために知っておきたいこと

売り場にかくれている新たな説得者に、消費者はどのような自衛手段が可能だろうか？

インターネットでの5つの対策

いくつかの簡単な対策をすれば、犯罪による被害や個人情報の漏えいを回避できる。コンピュータを使いこなしているユーザーには当然の内容ばかりだが、忘れられている事例が少なくない。

1. インターネットカフェには用心する。無料のWi-fiサービスは魅力的に思えるかもしれないが、道端で見つけた飲みかけのビールを飲むようなものだ。

2. 見破られやすいパスワードは避ける。ユーザーのなかにはモバイル機器の初期設定「0000」を変えていない、あるいはだれでもわかるパスワードにしている人がいる。母親の旧姓、ペットの名前、好きな歌手などの個人情報は、ネット上で簡単にわかるので、パスワードとして使用してはいけない。

3. 面倒でも定期的にパスワードを変更し、すべてのサイトに同一パスワードを使わないようにする。

4. 「フィッシング行為」に注意する。見知らぬ人から開封要求された魅惑的なファイル、本人や会社あての荷物を届けたいというメール、銀行からだと名乗るメッセージなど、疑わしいときは真偽を確認する。

5. 最後に、もし子どもがいればネット社会の危険性を教育する。「デジタルネイティブ」にとっては簡単な課題かもしれないが、すべての親がインターネットには危険があちこちに潜んでいる事実を理解しなければならない。メディアでは露骨な性描写や暴力シーン、ポルノの閲覧や、子どもになりすましてソーシャルネットワークに投稿する卑劣な小児性愛者に言いくるめられる危険については警鐘を鳴らしている。だが、物欲や価値観への影響については指摘されていない。21世紀の生活においては、コンピュータや携帯電話をはじめとするデジタル機器はすでに必需品になっており、子どもたちに使用を禁止するのは賢明ではない。注意深く見守るべきである。特に若年層の使用には配慮が欠かせない。それができないとすれば、急流や高速道路のそばで子どもを自由に遊ばせるようなものである。

店頭での5つの対策

内省的思考ではなく衝動的思考による衝動買いは、イギリスおよびアメリカ国内で年間4兆円を上回ると報告されている。第5章で説明したように、衝動的思考は無意識に作用し、感情や直感に強く影響される。言い換えれば、かくれた説得者が衝動買いを勧めれば、購入してしまう精神状態が存在する。

1. 落ち込んでいるとき、気晴らしをしたいとき、空港でのフライト待ちなど退屈で時間を持て余しているとき、衝動買いのリスクはかなり高くなる。もう一度考えてから支払いを済ませよう。

2. 映画館、テーマパーク、旅行先などで気分が高揚していると、いわゆる散財に走りやすくなる。小物や土産品の購入は、まったくの無駄遣いに終わるものである。数時間後の後悔も珍しくない。したがって、やはり衝動買いは避けるべきである。

3. ほとんど気づかない香り、照明の変化、色彩、BGMなどのちょっとした工夫によって買いたくなることを忘れないようにする。スーパーやディスカウントストア、ショッピングモールなどの大規模商業施設では、商品を販売するために慎重に計算されつくした巨大マシーンの餌食になっていると自覚する。オンラインでもオフラインでも、無料のランチのようなうまい話は存在しない。

4. 買いたい衝動にかられたときは、「**ピンクの象にブルーのカスタードが与えられているシーン**」を10秒間想像すればよい。鮮明で幻想的イメージは、心理学でいう「**思考停止装置**」として機能する。患者の治療現場でも、そのような想像を割り込ませ、どうしてもやめられない習慣を絶つように仕向けている。意識的な思考は、同時に複数のことを考えられないので、ピンクの象とブルーのカスタードを想起すると、ほかを思案できなくなる。その瞬間は数秒にすぎないが、商品を購入するつもりの消費者が瀬戸際で考え直すには十分な時間である。

5. 販売担当者が購入してくれそうな顧客から聞きたくない言葉は、「検討します」という5文字である。購入の可能性を〝考えなければ〟、必然的に購入しないという結果になる。

消費者にとって、かくれた説得者に対する最大の防御はおそらく「知識」である。売り込みのためのテクニックに関する知識、自己責任を再認識し、「購入者が自覚すべき」というフレーズを思い出すための知見を持つべきである。「買いたがる脳」への強力なマーケティングやセールスを理解し、うまく対峙できるようになるには、消費者を説得しようとする業界の影響力や影響範囲を自覚しなければならないのである。

謝　辞

本書の執筆では、ビジネスならびに科学に携わる数多くの方々にご協力いただいた。心から厚くお礼申し上げたい。

なかでも私たちの研究所マインドラボ・インターナショナルのダンカン・スミス、ジョセフ・ヒリング、エイミー・マドックの協力はなくてはならないものだった。本書での主張が研究所や研究員の総意とはいえない私個人のものなのか、研究に協力してもらった企業経営者や学界関係者の意見ではないのか、その確認をサポートしてもらった。

共同研究者のトム・ディクソンは、急速に研究が進んでいるニューロマーケティングやニューロサイエンスの知見を得るために、多数の関係者へのインタビューに奔走してくれた。ご協力いただいた方々をアルファベット順に紹介しておきたい。

テリー・エイリング（99、123ページのイラストを担当）、フィル・バーデン（デコードマーケティング社マネージングディレクター、『Decoded: The Science Behind Why We Buy』の著者）、ヤヴズ・バイラクタル（マインドラボ・イスタンブール）、マイケル・ビヴァンス（ヤフーの広告およびサイト運営者向けソリューション責任者）、オーガスト・ブロック（著書『The Secret Sales Pitch』から画像をご提供いただいた。ほかの事例はhttp://www.subliminalsex.comを参照）、エド・バーク（セントエアー社マーケティング責任者)、ヴィクター・カンディ(マインドラボ・マドリード)、ダナ・R・カーニー(コロンビア大学)、エイミー・J・C・カディ(ハーバード大学)、ロジャー・ドゥーリー(『Brainfluence』著者、ニューロマーケティングのブロガーであり批評家)、ベイリーズ・ドハティ(ブーン!のアカウントディレクター)、ウファ・エルドガン(マインドラボ・イスタンブール)、エミ・ガル(ブレイニエント社の創業者、CEO)、ペドロ・ガルヴァン(マインドラボ・マドリード)、エルウィン・ハルトシューカー(マインドメディア社CEO)、ジェシカ・ホウウェルズ(カバナーコミュニケーションズ)、Iテレビスタジオ/チャネル4/スクリーンオーシャン(テレビ番組「Come Dine With Me」の画像掲載を許可いただいた)、ダン・ジョーンズ(催眠療法士)、リチャード・リリー(トラックシス社ディレクター、視線測定調査をはじめとする行動調査の協力者)、ジョン・D・モリス(アドサムマーケティング社CEO、フロリダ大学教授)、トム・ノーベル(ニューロフォーカスヨーロッパ社の元マネージングディレクター、現在は脳科学応用のアドバイスを行うコンサルタント)、ダグ・ラスムセンとヴィンセント・ローメット(レガルデサービスリテール社)、ゲラント・リース(UCL認識脳科学研究所ディレクター、教授)、ルイ・ルベイロ(GSP、マインドラボ・ポルトガル)、ニック・ソートン(ブルウォーターの小売専門家)、ジェイミー・ウォード(「Cognitive Neuroscience」編集責任者、サセックス大学認識脳科学教授)、ジョン・ウォード(アキュイティアイトラッキングソリューションズ、アキュイティインテリジェンスのディレクター)、ロン・ライト(サンズリサーチ社CEO)、アンディ・

ヤップ（コロンビア大学博士）。

最後になってしまったが、出版に携わっていただいたニック・ブレーリー、担当編集者のサリー・ランズデルには、いつも刺激的な議論に加わっていただき、執筆および編集に多大なご尽力をいただいた。衷心より感謝申し上げたい。

Bibliography 参考文献

※邦訳書があるものは併記した。

Atkin, Douglas (2004). The Culting of Brands: When Customers Become True Believers. New York: Portfolio.

Ayres, Ian (2007). Super Crunchers: Why Thinking-by-Numbers Is the New Way to Be Smart. New York: Bantam Books. イアン・エアーズ『その数学が戦略を決める』文藝春秋（文庫）（2010）

Ball-Rokeach, Sandra, Rokeach, Milton, & Grube, Joel W. (1984). The Great American Values Test: Influencing Behavior and Belief through Television. New York: Free Press.

Barber, Benjamin R. (2007). Consumed: How Markets Corrupt Children, Infantilize Adults, and Swallow Citizens Whole. New York: W.W. Norton.

Basar, Erol, & Bullock, Theodore Holmes (1992). Induced Rhythms in the Brain. Boston: Birkhäuser.

Benson, April Lane (2000). I Shop, Therefore I Am: Compulsive Buying and the Search for Self. Northvale, NJ: Jason Aronson.

Berger, Arthur Asa (2007). Ads, Fads, and Consumer Culture: Advertising's Impact on American Character and Society. Lanham, MD: Rowman & Littlefield.

Bernays, E.L. (1923). Crystallizing Public Opinion. New York: Boni and Liveright.

Blythman, Joanna (2004). Shopped: The Shocking Truth about British Supermarkets. London: Fourth Estate.

Bor, Daniel (2012). The Ravenous Brain: How the New Science of Consciousness Explains Our Insatiable Search for Meaning. New York: Basic Books.

Börjesson, Kristina (2004). Into the Buzzsaw: Leading Journalists Expose the Myth of a Free Press. New York: Prometheus Books.

Broughton, Philip Delves (2012). Life's a Pitch: What the World's Best Sales People Can Teach Us All. London: Portfolio.

Bullock, August (2004). The Secret Sales Pitch: An Overview of Subliminal Advertising. San Jose, CA: Norwich Publishers.

Carr, Nicholas G. (2011). The Shallows: How the Internet Is Changing the Way We Think, Read and Remember. London: Atlantic Books. ニコラス・G・カー『ネット・バカ』青土社（2010）

Clark, Eric. (1988). The Want Makers: Lifting the Lid off the World Advertising Industry: How They Make You Buy. London: Hodder & Stoughton. エリック・クラーク『欲望の仕掛人』阪急コミュニケーションズ（1991）

Clark, E. (2011). The Real Toy Story: Inside the Ruthless Battle for Britain's Youngest Consumers. New York: Free Press.

Corstjens, Judith, & Corstjens, Marcel (1995). Store Wars: The Battle for Mindspace and Shelfspace. Hoboken, NJ: John Wiley. ジュディス・コースジェンス、マーセル・コースジェンス『ストア・ウォーズ』同友館（1998）

Coupland, Douglas (2002). Generation X: Tales for an Accelerated Culture. London: Abacus. ダグラス・クープランド『ジェネレーションX』角川書店（1995）

Coyle, Diane (2011). The Economics of Enough: How to Run the Economy as if the Future Matters. Princeton, NJ: Princeton University Press.

Cross, Gary S. (2000). An All-Consuming Century: Why Commercialism Won in Modern America. New York: Columbia University Press.

Crossen, Cynthia (1994). Tainted Truth: The Manipulation of Fact in America. New York: Simon & Schuster.

Csikszentmihalyi, M., & Rochberg-Halton, E. (1981). The Meaning of Things: Domestic Symbols and the Self. Cambridge: Cambridge University Press. M・チクセントミハイ、E・ロックバーグ＝ハルトン『モノの意味』誠信書房（2009）

Davenport, T.H. (1997). Information Ecology: Mastering the Information and Knowledge Environment. New York: Oxford University Press.

De Chernatony, Leslie, McDonald, Malcolm, & De Chernatony, Leslie (1998). Creating Powerful Brands in Consumer, Service, and Industrial Markets. Boston Butterworth-Heinemann.

De Graaf, John, Naylor, Thomas H., & Wann, David (2001). Affluenza: The All-Consuming Epidemic. San Francisco: Berrett-Koehler. ジョン・デ グラーフ、トーマス・H・ネイラー、デイヴィッド・ワン『消費伝染病「アフルエンザ」』日本教文社（2004）

Dittmar, Helga (1992). The Social Psychology of Material Possessions: To Have Is to Be. New York: St. Martin's Press.

Dittmar, Helga (2007). Consumer Culture, Identity, and Well-Being: The Search for the "Good Life" and the "Body Perfect." New York: Psychology Press.

Dixon, N.F. (1971). Subliminal Perception: The Nature of a Controversy. London: McGraw-Hill.

Dooley, R. (2011). Brainfluence: 100 Fast, Easy, and Inexpensive Ways to Persuade and Convince with Neuromarketing. New York: John Wiley. ロジャー・ドゥーリー『脳科学マーケティング100の心理技術』ダイレクト出版（2013）

Du Plessis, Erik (2011). The Branded Mind: What Neuroscience Really Tells Us about the Puzzle of the Brain and the Brand. Philadelphia: Kogan Page.

Ewen, Stuart (1996). PR! A Social History of Spin. New York: Basic Books. スチュワート・ユーウェン『PR！ 世論操作の社会史』法政大学出版局（2003）

Falk, Pasi (1994). The Consuming Body. Thousand Oaks, CA: Sage.

Falk, Pasi, & Campbell, Colin (1997). The Shopping Experience. Thousand Oaks, CA: Sage.

Firestein, S. (2012). Ignorance: How It Drives Science. Oxford: Oxford University Press.

Fletcher, Winston (1992). A Glittering Haze: Strategic Advertising in the 1990s. New York: NTC.

Fogg, B.J. (2003). Persuasive Technology: Using Computers to Change What We Think and Do. Boston: Morgan Kaufmann Publishers. B・J・フォッグ『実験心理学が教える人を動かすテクノロジ』日経BP社（2005）

Franzen, Giep (1994). Advertising Effectiveness: Findings from Empirical Research. Henley-on-Thames: Admap. ジェイプ・フランツェン『広告効果』日経広告研究所（1996）

Franzen, G., & Bouwman, M. (2001). The Mental World of Brands: Mind, Memory and Brand Success. London: World Advertising Research Center.

Gallagher, Shaun (2005). How the Body Shapes the Mind. New York: Clarendon Press.

Gershon, M.D., & Gershon, M. (1999). The Second Brain: A Groundbreaking New Understanding of Nervous Disorders of the Stomach and Intestine, New York: Harper Paperbacks. マイケル・E・ガーション『セカンドブレイン』小学館（2000）

Goldblum, Naomi (2001). The Brain-Shaped Mind: What the Brain Can Tell Us about the Mind. Cambridge: Cambridge University Press.

Gosling, Sam (2008). Snoop: What Your Stuff Says about You. London: Profile. サム・ゴズリング『スヌープ！ あの人の心ののぞき方』講談社（2008）

Haberstroh, Jack (1994). Ice Cube Sex: The Truth about Subliminal Advertising. Notre Dame, IN: Cross Cultural Publications.

Haig, Matt (2003). Brand Failures: The Truth about the 100 Biggest Branding Mistakes of All Time. London: Kogan Page. マット・ヘイグ『あのブランドの失敗に学べ!』ダイヤモンド社（2005）

Hine, Thomas (1995). The Total Package: The Evolution and Secret Meanings of Boxes, Bottles, Cans, and Tubes. Boston: Little, Brown.

Hugdahl, Kenneth (1995). Psychophysiology: The Mind-Body Perspective. Cambridge, MA: Harvard University Press.

Hughes, Robert (1994). Culture of Complaint: The Fraying of America. London: Harvill.

Johnson, Steven (2006). Everything Bad Is Good for You: How Popular Culture Is Making Us Smarter. London: Penguin. スティーブン・ジョンソン『ダメなものは、タメになる』翔泳社（2006）

Jung, C.G., Franz, Marie-Luise von, & Freeman, John (1964). Man and His Symbols. London: Aldus Books. C・G・ユング『人間と象徴（上）（下）』河出書房新社（1975）

Kahneman, Daniel (2011). Thinking, Fast and Slow, New York: Farrar, Straus, Giroux. ダニエル・カーネマン『ファスト&スロー（上）（下）』早川書房（文庫）（2014）

Kay, William (1989). Battle for the High Street. London: Corgi.

Key, W.B. (1989). The Age of Manipulation: The Con in Confidence, the Sin in Sincere. New York: Madison Books. ウィルソン・ブライアン・キイ『メディア・レイプ』リブロポート（1991）

Kick, Russell (2001). You Are Being Lied To: The Disinformation Guide to Media Distortion, Historical Whitewashes and Cultural Myths. New York: Disinformation.

Klein, Naomi (2000). No Logo. New York: HarperCollins. ナオミ・クライン『ブランドなんか、いらない』大月書店（2009）

Lakhani, D. (2008). Subliminal Persuasion: Influence and Marketing Secrets They Don't Want You to Know. Hoboken, NJ: John Wiley.

Lakoff, George, & Johnson, Mark (2003). Metaphors We Live By. Chicago: University of Chicago Press. ジョージ・レイコフ、マーク・ジョンソン『レトリックと人生』大修館書店（1986）

Lanchester, J. (2012) Capital. London: Faber and Faber.

Lears, T.J. Jackson (1994). Fables of Abundance: A Cultural History of Advertising in America. New York: Basic Books.

LeDoux, Joseph E. (1999). The Emotional Brain: The Mysterious Underpinnings of Emotional Life. London: Phoenix. ジョセフ・ルドゥー『エモーショナル・ブレイン』東京大学出版会（2003）

Lee, Martyn J. (1993). Consumer Culture Reborn: The Cultural Politics of Consumption. New York: Routledge.

Lees-Marshment, Jennifer (2009). Political Marketing: Principles and Applications. New York: Routledge.

Legrenzi, Paolo (2011). Neuromania: On the Limits of Brain Science. Oxford: Oxford University Press.

Lewis, D. (1978) The Secret Language of Your Child: How Children Talk Before They Can Speak. London: Souvenir Press.

Lewis, D. (2013) Impulse: Why We Do What We Do without Knowing Why We Do It. London: Random House.

Lewis, D., & Bridger, D. (2002) The Soul of the New Consumer: What We Buy and Why in the New Economy. London: Nicholas Brealey Publishing.

Lilienfeld, Scott O. (2010). 50 Great Myths of Popular Psychology: Shattering Widespread Misconceptions about Human Behavior. Chichester: Wiley-Blackwell. スコット・O・リリエンフェルド『本当は間違っている心理学の話』化学同人（2014）

Lindström, Martin (2001). Clicks, Bricks and Brands. London: Kogan Page.

Mander, Jerry (1978). Four Arguments for the Elimination of Television. New York: Morrow. ジェリー・マンダー『テレビ・危険なメディア』時事通信社（1985）

Mark, Margaret, & Pearson, Carol (2001). The Hero and the Outlaw: Building Extraordinary Brands through the Power of Archetypes. New York: McGraw-Hill.

Miller, Daniel (1998). Shopping, Place, and Identity. New York: Routledge.

Miller, G. (2009). Spent: Sex, Evolution and Consumer Behavior. New York: Viking.

Mlodinow, Leonard (2012). Subliminal: How Your Unconscious Mind Rules Your Behaviour. London: Allen Lane. レナード・ムロディナウ『しらずしらず』ダイヤモンド社（2013）

Montague, Read (2006). Why Choose This Book? How We Make Decisions. New York: Dutton.

Nevett, T.R. (1982). Advertising in Britain: A History. London: Heinemann.

O'Toole, John E. (1981). The Trouble with Advertising. New York: Chelsea House. ジョン・オトゥール『アメリカ広告事情』電通（1985）

Packard, V. (1957). The Hidden Persuaders. New York: Pocket Books. V・パッカード『かくれた説得者』ダイヤモンド社（1958）

Palfrey, John G., & Gasser, Urs (2008). Born Digital: Understanding the First Generation of Digital Natives. New York: Basic Books.

Pariser, Eli (2011). The Filter Bubble: What the Internet Is Hiding from You. New York: Penguin Press. イーライ・パリサー『閉じこもるインターネット』早川書房（2012）

Postman, Neil (1986). Amusing Ourselves to Death: Public Discourse in the Age of Show Business. New York: Penguin Books.

Pradeep, A.K. (2010). The Buying Brain: Secrets for Selling to the Subconscious Mind. Hoboken, NJ: John Wiley. A・K・プラディープ『マーケターの知らない「95%」』阪急コミュニケーションズ（2011）

Pratkanis, A.R., & Aronson, Elliot (1992). Age of Propaganda: The Everyday Use and Abuse of Persuasion. New York: W.H. Freeman. アンソニー・プラトカニス、エリオット・アロンソン『プロパガンダ』誠信書房（1998）

Rank, Hugh (1982). The Pitch. Park Forest, IL: Counter-Propaganda Press.

Reeves, Byron, & Nass, Clifford Ivar (1998). The Media Equation: How People Treat Computers, Television, and New Media Like Real People and Places. Cambridge: Cambridge University Press. バイロン・リーブス、クリフォード・ナス『人はなぜコンピューターを人間として扱うか』翔泳社（2001）

Roberts, K. (2005). Lovemarks: The Future beyond Brands. New York: PowerHouse Books.

Rushkoff, Douglas (2010). Life Inc.: How the World Became a Corporation and How to Take It Back. London: Vintage.

Rushkoff, Douglas, & Purvis, Leland (2011). Program or Be Programmed: Ten Commands for a Digital Age. Berkeley, CA: Counterpoint.

Saad, G. (2011) The Consuming Instinct: What Juicy Burgers, Ferraris, Pornography, and Gift Giving Reveal about Human Nature. Amherst, NY: Prometheus Books.

Schor, J.B. (1999). The Overspent American: Why We Want What We Don't Need. New York: Harper. ジュリエット・B・ショア『浪費するアメリカ人』岩波書店（2000）

Schor, J.B. (2004). Born to Buy: The Commercialized Child and the New Consumer Culture. New York: Scribner. ジュリエット・B・ショア『子どもを狙え！キッズ・マーケットの危険な罠』アスペクト（2005）

Sedivy, Julie, & Carlson, Greg N. (2011). Sold on Language: How Advertisers Talk to You and What This Says about You. Chichester: Wiley-Blackwell.

Seth, Andrew, & Randall,Geoffrey (2001). The Grocers: The Rise and Rise of the Supermarket Chains. London: Kogan Page.

Seung, Sebastian (2012). Connectome: How the Brain's Wiring Makes Us Who We Are. London: Allen Lane.

Shapiro, Lawrence A. (2011). Embodied Cognition. New York: Routledge.

Shell, Ellen Ruppel (2009). Cheap: The High Cost of Discount Culture. New York: Penguin. エレン・ラベル・シェル『価格戦争は暴走する』筑摩書房（2010）

Sorensen, Herb (2009). Inside the Mind of the Shopper: The Science of Retailing. Upper Saddle River, NJ: Wharton School Publishing. ハーブ・ソレンセン『「買う」と決める瞬間』ダイヤモンド社（2010）

Stiles, P. (2005). Is the American Dream Killing You? How "the Market" Rules Our Lives. New York: HarperCollins.

Sutherland, Max (1993). Advertising and the Mind of the Consumer: What Works, What Doesn't, and Why. St. Leonards, NSW: Allen & Unwin.

Tallis, Raymond (2011). Aping Mankind: Neuromania, Darwinitis and the Misrepresentation of Humanity. Durham: Acumen.

Thomson, Oliver (1977). Mass Persuasion in History: An Historical Analysis of the Development of Propaganda Techniques. Edinburgh: Paul Harris. オリヴァー・トムソン『煽動の研究』TBSブリタニカ（1983）

Trappenberg, Thomas P. (2002). Fundamentals of Computational Neuroscience. Oxford: Oxford University Press.

Travis, Daryl (2000). Emotional Branding: How Successful Brands Gain the Irrational Edge. Roseville, CA: Prima Venture. ダリル・トラヴィス『ブランド!ブランド!ブランド!』ダイヤモンド社（2003）

Underhill, Paco (1999). Why We Buy: The Science of Shopping. New York: Simon & Schuster. パコ・アンダーヒル『なぜこの店で買ってしまうのか』早川書房（文庫）（2014）

Vandermerwe, Sandra (1999). Customer Capitalism: The New Business Model of Increasing Returns in New Market Spaces. London: Nicholas Brealey Publishing.

Walford, Rosie, Benson, Paula, & West, Paul (2004). Shelf Life. London: Bloomsbury.

Walsh, D., & Gentile, D.A. (2002). Slipping under the radar: Advertising and the mind. Paper presented at the WHO symposium: Marketing to Young People. Treviso, Italy.

Weinzembaum, J. (1976). Computer Power and Human Reason: From Judgement to Calculation. London: Penguin. ジョセフ・ワイゼンバウム『コンピュータ・パワー』サイマル出版会（1979）

Williamson, J. (1978). Decoding Advertisements: Ideology and Meaning in Advertising. London: Marion Boyars. ジュディス・ウィリアムスン『広告の記号論(1)(2)』柘植書房新社（1985）

Williamson, J. (1986). Consuming Passions: The Dynamics of Popular Culture. London: Marion Boyars. ジュディス・ウィリアムスン『消費の欲望』大村書店（1993）

Wolf, Michael J. (1999). The Entertainment Economy: How Mega-Media Forces Are Transforming Our Lives. New York: Times Books. マイケル・J・ウルフ『「遊び心」の経済学』徳間書店（1999）

Wright, Ronald (2005). A Short History of Progress. New York: Canongate. ロナルド・ライト『暴走する文明』日本放送出版協会（2005）

Zaltman, Gerald (2003). How Customers Think: Essential Insights into the Mind of the Market. Boston: Harvard Business School Press. ジェラルド・ザルトマン『心脳マーケティング』ダイヤモンド社（2005）

Zepp, Ira G. (1997). The New Religious Image of Urban America: The Shopping Mall as Ceremonial Center. Niwot, CO: University Press of Colorado.

デイビッド・ルイス

「買い物をする脳」の分析に神経科学を応用したパイオニア的存在の研究者。「ニューロマーケティングの父」と呼ばれ、1980年代からサセックス大学でテレビCMと脳波の関係の研究をしていた。最先端のリサーチに基づくコンサルタントを行う「マインドラボ研究所」を設立。高度な技術を駆使して、買い物をするときの人の心と体の反応を研究している。現、同ラボディレクター。

武田玲子（たけだ　れいこ）

慶應義塾大学商学部卒。鉄道および食品大手で長年にわたり広報・IR業務を経験後、翻訳に携わる。訳書は『ラブロック&ウィルツのサービス・マーケティング』（ピアソン・エデュケーション）、『これからの資本主義はどう変わるのか』（翻訳協力、英治出版）、『スティーブ・ジョブズ　世界を変えた言葉』（イースト・プレス）、『価格の心理学』（日本実業出版社）など、主にビジネス、マネジメント分野の翻訳を手がけている。

なぜ、「それ」を選《えら》んでしまうのか？

買《か》いたがる脳《のう》

2014年10月1日　初版発行
2014年11月1日　第2刷発行

著　者　デイビッド・ルイス
訳　者　武田玲子
発行者　吉田啓二

発行所　株式会社日本実業出版社　東京都文京区本郷3-2-12　〒113-0033
大阪市北区西天満6-8-1　〒530-0047
編集部　☎03-3814-5651
営業部　☎03-3814-5161　振　替　00170-1-25349
http://www.njg.co.jp/

印刷／壮光舎　製本／共栄社

この本の内容についてのお問合せは、書面かFAX（03-3818-2723）にてお願い致します。
落丁・乱丁本は、送料小社負担にて、お取り替え致します。

ISBN 978-4-534-05219-3　Printed in JAPAN